INHALT

Arielle Artsztein

Arielles MACARONS

Auf nach Berlin!

Kurz vor dem Mauerfall zog ich nach Berlin, um an der Deutschen Film- und Fernsehakademie zu studieren. Damit erfüllte ich mir einen lang gehegten Traum ... In dieser Zeit bedeutete das Kochen für mich, den Gedanken an meine Wurzeln und an mein Zuhause aufrechtzuerhalten. An den jüdischen Feiertagen, besonders an den hohen Feiertagen wie dem Passah-Abend oder dem jüdischen Neujahrsfest Rosch ha-Schana, musste ich die Gerichte kochen, die zu diesen Anlässen traditionell serviert werden. Denn nachdem unsere Tochter geboren wurde, waren diese Feiertage für uns sehr wichtig und durch das Kochen konnte ich mich auf meine Wurzeln besinnen und die kulinarische Tradition meiner Familie weiterleben. Als meine Tochter gerade einmal drei Jahre alt war, fragte ihre Erzieherin im Kindergarten alle Kinder nach ihrem Lieblingsessen. Die meisten Kids antworteten natürlich mit »Pommes«, »Fischstäbchen« oder »Spaghetti mit Ketchup«. Nur meine Kleine sagte: »Hummer«!

Vom Filmen zum Backen

Nach all den Jahren in der Filmbranche merkte ich, dass ich inzwischen mehr Spaß an meinem Hobby, dem Backen, als an meiner tatsächlichen Arbeit, dem Filmen, hatte. Ich fasste den Entschluss, das Wagnis einzugehen und mein Hobby zum Beruf zu machen. Dieser Schritt wäre nie möglich gewesen ohne die Hilfe und Unterstützung der Konditoren-Innung Berlin – darum möchte ich an dieser Stelle ganz herzlich der Konditoren-Innung und der Handwerkskammer Berlin danken. Beide haben mich hilfsbereit und warmherzig empfangen und aufgenommen. Toll!
Heute arbeite ich mit Genuss und mein Handwerk macht mir viel Freude. Ich lasse mich von der mediterranen Küche inspirieren, die ich über die Familie meiner Mutter von klein auf kenne. Ich liebe hochwertige Produkte, so wie ich es von meinem Vater gelernt habe. Und keine Frage. Die Aromen und Produkte der asiatischen Küche, die ich zum ersten Mal in Thailand kennengelernt habe, inspirieren mich weiter zum Experimentieren und Probieren ...

Neuerdings entdecke ich mit Freude Eiscreme und fange an, damit zu experimentieren. Eiscreme ist so etwas wie die »Fortsetzung« aller Ganaches, die ich je kreiert habe. Und wer hätte gedacht, dass Eiscreme eine wunderbare Macaron-Füllung ist?!
Ich bin selbst gespannt, wie sich das alles weiterentwickelt. Wer weiß, vielleicht gibt es Arielles Macarons und Eis bald auch in einem Café?

Herzlich, Eure

Einleitung

GELIEBTE FRANZÖSISCHE KÜCHE

Wie es der Zufall wollte, wurde ich in Lyon geboren, der Hochburg der französischen Küche. Als ich gerade mal acht Jahre alt war, wanderten meine Eltern in die USA aus und wir zogen nach San Francisco. Vier Jahre später, ich war gerade zwölf, zogen wir weiter nach Tel Aviv. In all dieser Zeit blieb die französische Küche in meiner Familie ein wichtiger Teil unseres Lebens, gleichsam unsere Kultur.
Das lag sicher auch daran, dass meine Eltern aus ganz unterschiedlichen Kulturen stammten: Meine Mutter kam aus Algerien, mein Vater aus Polen. In der französischen Küche fanden die beiden einen guten Kompromiss zwischen der mächtigen polnischen Küche und der scharf-würzigen Küche Nordafrikas.

Mein Vater, der eine Fabrik für Mode besaß, war auf seine ganz eigene Art ein Künstler, ein Lebenskünstler. Er genoss die dolce vita nach Kriegsende. Die Küche und die Kultur Frankreichs verkörperten für ihn alles, was er als gutes Leben definierte.
Schon als wir längst in Israel lebten, plante mein Vater in jedem Sommer unseren alljährlichen Urlaub in Frankreich. Als Ziel suchte er sich nicht die landschaftlich reizvollsten Regionen oder die historisch bedeutsamsten Städte aus – nein, er nahm den Guide Michelin zur Hand und suchte sich die Restaurants aus, die Auszeichnungen erhalten hatten oder besonders gelobt wurden. Dorthin sollten uns unsere Reisen führen!

Schon ein halbes Jahr vor unserem Urlaubsbeginn saß mein Vater abends an seinem Schreibtisch, schrieb Briefe und reservierte Tische in den verschiedensten Restaurants Frankreichs. Je nachdem, woher die Zusagen kamen, plante er unsere bevorstehende Reiseroute. Dabei kamen nicht gerade die kinderfreundlichsten Urlaubspläne heraus, aber für's Leben geprägt haben diese Reisen meine beiden jüngeren Brüder und mich allemal ...
Mit achtzehn Jahren kam ich zur Armee in Israel und sammelte meine ersten Kocherfahrungen. Wahrscheinlich ist es überall auf der Welt so, dass das Essen beim Militär nicht gerade aufregend ist, aber der Koch, den ich dort kennenlernte, der war sehr wissbegierig. Weil ich die einzige Französin war, stellte er mir dauernd Fragen zur französischen Küche und wir begannen, gemeinsam zu kochen. Freitagabend gab es dann Îles Flottantes oder Madeleines und einmal konnten wir sogar ein Hühner-Konfit auftischen.

Macaron-Grundmasse

für ca. 80 Macaron-Böden

ZUTATEN

Meringue-Masse
48 g Eiweiß (3 Tage im Voraus getrennt)
1 Prise Salz
133 g feiner Kristallzucker
30 g Wasser

Mandel-Zucker-Mischung
133 g Puderzucker
133 g gemahlene, blanchierte Mandelkerne

Macaronage
48 g Eiweiß, 3 Tage vorher getrennt
Mandel-Zucker-Mischung (siehe oben)
Meringue-Masse (siehe oben)

MERINGUE-MASSE

Die Eiweiße 3 Tage vor der Zubereitung sorgfältig von den Eigelben trennen und in einem fest verschlossenen Kunststoffbehälter im Kühlschrank aufbewahren.

Das getrennte Eiweiß aus dem Kühlschrank nehmen und mit einer Digitalwaage präzise abwiegen.

Das Eiweiß mit 1 Prise Salz in die absolut fettfreie Rührschüssel der Küchenmaschine geben. Eine sehr große Schüssel mit warmem Wasser füllen (ca. 60–70 °C) und die Rührschüssel hineinstellen. (Ich fülle mein Küchenspülbecken mit warmem Wasser – so warm, wie der Wasserhahn es hergibt –, und stelle die Rührschüssel direkt hinein.) Das Eiweiß mit Hilfe eines Schneebesens von Hand 1–2 Minuten aufschlagen, bis die Masse weißlich wird (Schritt 1). Die Rührschüssel aus dem Wasserbad nehmen, in die Küchenmaschine einsetzen und den Eischnee auf niedrigster Stufe mit dem Schneebesenaufsatz ca. 1 Stunde weiterschlagen (Schritt 2).

Den Kristallzucker und das Wasser in eine Stielkasserolle geben und bei mittlerer Wärmezufuhr erhitzen. Mit einem digitalen Zuckerthermometer die Temperatur des Sirups überwachen. Sobald der Zuckersirup eine Temperatur von 115 °C erreicht hat, den Topf sofort vom Herd nehmen (Schritt 3). Die Küchenmaschine auf höchste Stufe schalten, dann den heißen Zuckersirup in einem dünnen Strahl in den Eischnee laufen lassen (Schritt 4). Diese Meringue-Masse so lange (ca. 15–20 Minuten) auf höchster Stufe weiterschlagen, bis die Masse kalt ist. (Ich prüfe mit den Händen die Außenwände der Rührschüssel, sind diese nicht mehr warm, ist die Meringue-Masse perfekt zum Weiterverarbeiten; Schritt 5.)

1

2

3

4

5

TIPP

Grundsätzlich alle Zutaten – Eiweiß und sonstige Flüssigkeiten – immer präzise mit einer Digitalwaage abwiegen, das ist für das spätere Gelingen sehr wichtig!

Die Eigelbe werden für die Macaron-Böden nicht benötigt und können anderweitig verwendet werden.

Während das Eiweiß zu Schnee geschlagen wird, die Küchenmaschine nie stoppen.

Die fertige Meringue-Masse sollte glatt, seidig glänzend und fest sein.

Macaron-Grundmasse

MANDEL-ZUCKER-MISCHUNG

Den Puderzucker mit den gemahlenen Mandelkernen in einer Schüssel gründlich vermischen. Diese Mandel-Zucker-Mischung in einen Blitzhacker füllen und fein mixen. Die Mischung soll feinst gemahlen sein, auf keinen Fall darf aber das Öl aus den Mandelkernen austreten: Das erkennt man, wenn ein Fettrand an den Wänden im Blitzhacker entsteht (Schritt 6). Die Mandel-Zucker-Mischung durch ein feinmaschiges Sieb in eine große Schüssel sieben (Schritt 7).

TIPP

Ich verwende abgepackte gemahlene, blanchierte Mandelkerne. Man kann auch problemlos ganze, blanchierte Mandelkerne zu Hause von Hand reiben. Am besten verwendet man dazu eine Nussreibe. Werden die Mandelkerne im Blitzhacker gemahlen, tritt oft schnell das Mandelöl aus. Das entstandene Mandelmehl wird dann fettig und ist für die Macaron-Herstellung unbrauchbar.

Wichtig: Die Mandel-Zucker-Mischung muss rieselfähig und darf keinesfalls fettig-pastös sein.

6

7

TIPP

Die Macaron-Masse zum Schluss kräftig mit einem Gummispatel durchrühren, dabei bitte nicht zimperlich sein. Die Macaronage muss geschmeidig sein und sollte zähflüssig vom Löffel fallen, dies ist für das spätere Gelingen sehr wichtig. Ich vergleiche die Masse immer mit flüssigem Zement.

MACARONAGE

Das flüssige Eiweiß mit einem Löffel in die Mandel-Zucker-Mischung einarbeiten (Schritt 8). Dann ⅓ der kalt gerührten Meringue-Masse zu der Mandel-Zucker-Masse geben und mit einem Gummispatel in kreisenden Bewegungen behutsam vom Schüsselrand nach innen einarbeiten. Die restliche Meringue-Masse behutsam in weiteren 2 Schritten einarbeiten (Schritt 9). Zum Schluss die Macaron-Masse mit dem Gummispatel gut durcharbeiten, bis alles gut verbunden und ein glatter, homogener und zähflüssiger Teig entstanden ist (Schritt 10). Diese Macaronage sofort weiterverarbeiten.

Macaron-Grundmasse

BACKEN

Einen großen Einwegspritzbeutel mit glatter Tülle (8 mm) bestücken, mit einer Schere die Spritzbeutelspitze abschneiden und die Tülle durch die Öffnung ziehen, damit sie mit dem Einwegspritzbeutel fest verbunden ist. Oberhalb der Tülle den Spritzbeutel fest zusammendrehen und mit einer Wäscheklammer fixieren, so läuft später beim Einfüllen die Macaron-Masse nicht aus. Den vorbereiteten Spritzbeutel in einen passenden Zylinder (z.B. großer Küchenutensilien-Köcher, Vase etc.) stecken, die Spritzbeutelöffnung um die Ränder stülpen, dann die Macaron-Masse einfüllen (Schritt 11).

2 Backbleche mit je 1 dünnen, antihaftbeschichteten Dauerbackfolie belegen. Die Wäscheklammer vom Spritzbeutel lösen und kleine Tupfen mit einem Durchmesser von ca. 2–2,5 cm aufspritzen, dabei reichlich Abstand lassen, da die Macaron-Masse auseinanderläuft. Auf jedes Backblech ca. 40 Macaron-Tupfen aufspritzen. Die Macaron-Tupfen laufen glatt auseinander und haben einen seidigen Glanz (Schritt 12).

Die Macaron-Tupfen bei Raumtemperatur unbedeckt ca. 1 ½ Stunden trocknen lassen. Die Macaron-Tupfen verlieren dabei ihren Glanz, werden an der Oberfläche trocken und matt (Schritt 13).

Rechtzeitig den Backofen auf 150°C (Umluft) vorheizen. Die Backbleche in den Backofen schieben und die Macaron-Kreise 25 Minuten backen, dabei die Backofentüre nicht öffnen (Schritt 14).

Die Macaron-Böden sollen während des Backens das sogenannte Füßchen bilden und eine Farbe wie Elfenbein erhalten. Dann die Backofentüre öffnen, die Dauerbackfolie an einer Ecke hochziehen und vorsichtig einen Macaron-Boden hochheben. Ist dieser in der Mitte noch klebrig, die Macaron-Böden noch mal kurz nachbacken. Die Backbleche aus dem Backofen nehmen und die fertigen Macaron-Böden auf den Blechen abkühlen lassen (Schritt 15).

Die abgekühlten Macaron-Böden nach Belieben füllen.

TIPP

Die Backbleche müssen gerade sein, da sonst die aufgespritzten Macaron-Tupfen auseinanderlaufen. Sollten die Backbleche eine Vertiefung haben, die Macaron-Tupfen nur an den vollkommen glatten Flächen aufspritzen.

Ich verwende zum Backen ausschließlich eine dünne, antihaftbeschichtete Dauerbackfolie. Mit dicken Silikon-Backmatten oder Backpapier bleiben die aufgespritzten Macaron-Böden nicht rund oder sind nach dem Backen zu feucht. Spezielle Macaron-Backmatten bringen auch kein optimales Backergebnis.

Ich zeichne auch keine Kreise als Orientierungshilfe auf die Backfolie, man braucht nur etwas Gefühl fürs Aufspritzen. Einige Macaron-Tupfen mit einem Durchmesser von ca. 2–2,5 cm aufspritzen und etwas warten, bis die Macaron-Masse auseinanderläuft. Die nun auseinandergelaufenen Macaron-Tupfen sollten ungefähr einen Durchmesser von 3,5 cm haben. Erweitern sich die Tupfen zu stark, die Macaron-Masse einfach mit etwas weniger Druck aufspritzen. Sind sie zu klein, den Druck etwas erhöhen – das ist einfach Gefühlssache.

Während der Macaron-Herstellung ist es wichtig, dass kein Dampf und keine anderen Düfte in der Küche vorherrschen. Am besten bäckt man nur Macarons, sonst nichts – auch nicht nebenbei kochen.

Die abgekühlten Macaron-Böden kann man für den späteren Gebrauch in einem verschließbaren Gefrierbehälter einfrieren. Bei Bedarf aus dem Gefrierbehälter nehmen und offen im Kühlschrank auftauen lassen.

14

15

DIE
RezepTe

Vanille-Macarons

ZUTATEN

Macaron-Böden

FÜR DIE MERINGUE-MASSE
48 g Eiweiß, 3 Tage vorher getrennt
1 Prise Salz
133 g feiner Kristallzucker
30 g Wasser

MANDEL-ZUCKER-MISCHUNG
133 g Puderzucker
133 g gemahlene, blanchierte Mandelkerne
1 Stück getrocknete, ausgekratzte Vanilleschote (ca. 4 cm)

MACARONAGE
48 g Eiweiß, 3 Tage vorher getrennt
Mandel-Zucker-Mischung (siehe oben)
Meringue-Masse (siehe oben)

Vanille-Ganache

150 g sehr gute weiße Schokolade (z.B. Opalys von Valrhona)
1 Vanilleschote
150 g Sahne
10 g Butter
10 g Akazienhonig

MACARON-BÖDEN

Für die Macaron-Böden die Schritte 1–5 des Grundrezepts (»Macaron-Grundmasse«, siehe Seite 12–17) durchführen.

Bei Schritt 6 die getrocknete, ausgekratzte Vanilleschote klein schneiden und mit der Mandel-Zucker-Mischung mixen. Dann die Schritte 7–15 nach Grundrezept durchführen. Die abgekühlten Macaron-Böden bis zum Füllen bei Raumtemperatur lagern.

VANILLE-GANACHE

Die weiße Schokolade hacken und in eine Schüssel geben.

Die Sahne in einem Topf erhitzen. Die Vanilleschote längs mit einem spitzen Messer aufschlitzen, das Mark herauskratzen und beides in die heiße Sahne geben. Sobald die Sahne fast zu kochen beginnt, den Topf vom Herd nehmen und die Vanillesahne zugedeckt 20 Minuten ziehen lassen. Dann die Vanilleschote herausnehmen und mit den Händen fest ausdrücken. Die Vanillesahne erneut leicht erhitzen, die Butter und den Honig unterrühren und auflösen.

⅓ der heißen Vanillesahne auf die gehackte Schokolade gießen, mit einem Gummispatel von innen nach außen verrühren, bis sich die Schokolade aufgelöst hat und eine Emulsion entsteht. Sollte die Masse aussehen, als wäre sie geronnen, kräftig weiterrühren, bis sie sich wieder verbindet. Wieder ⅓ der heißen Vanillesahne zugeben. Alles erneut von innen nach außen verrühren, bis eine homogene Masse entsteht. Dann die restliche Vanillesahne unterrühren und emulgieren.

Die Emulsion mit einem Stabmixer pürieren, bis eine glatte, glänzende Ganache entstanden ist. Die Schüssel in den Kühlschrank stellen und die Vanille-Ganache zugedeckt 1 Tag ruhen lassen.

Die Vanille-Ganache aus dem Kühlschrank nehmen und ca. 1 Stunde auf Zimmertemperatur temperieren lassen.

Die Macaron-Böden auf einem Backblech abwechselnd mit der Oberseite nach oben und nach unten anordnen. Die Vanille-Ganache in einen Einwegspritzbeutel mit glatter Tülle (13 mm) füllen und auf die Hälfte der Macaron-Böden spritzen. Die ungefüllten Macaron-Böden behutsam daraufsetzen und andrücken, damit sich die Füllung bis zum Rand verteilt.

Die Vanille-Macarons offen im Kühlschrank mindestens 2 Stunden kühlen.

Rosen-Macarons

ZUTATEN

Macaron-Böden

MERINGUE-MASSE
48 g Eiweiß (3 Tage im Voraus getrennt)
1 Prise Salz
133 g feiner Kristallzucker
30 g Wasser
1 Prise rote Lebensmittelfarbe (Pulver)

MANDEL-ZUCKER-MISCHUNG
133 g Puderzucker
133 g gemahlene, blanchierte Mandelkerne
1 Stück getrocknete Rosenknospe (kein Rosenblütenwasser, siehe Tipp)

MACARONAGE
48 g Eiweiß (3 Tage im Voraus getrennt)
Mandel-Zucker-Mischung (siehe oben)
Meringue-Masse (siehe oben)

Rosenblüten-Ganache

150 g Sahne
5 g essbare Rosenblütenknospe (kein Rosenblütenwasser, siehe Tipp)
1 EL Butter
1 EL Akazienhonig
150 g sehr gute weiße Schokolade (z.B. Opalys von Valrhona)

MACARON-BÖDEN

Für die Macaron-Böden die Schritte 1–5 des Grundrezepts (»Macaron-Grundmasse«, siehe Seite 12–17) durchführen.

Die rote Lebensmittelfarbe zu der kalt geschlagenen Meringue-Masse geben und gut unterrühren.

Bei Schritt 6 die getrocknete Rosenblütenknospe mit der Mandel-Zucker-Mischung mixen. Dann die Schritte 7–15 nach Grundrezept durchführen.

Die abgekühlten Macaron-Böden bis zum Füllen bei Zimmertemperatur lagern.

ROSENBLÜTEN-GANACHE

Die Sahne in einen Topf geben und aufkochen. Die Rosenblütenknospen mit den Händen leicht andrücken und in die heiße Sahne geben. Den Topf vom Herd nehmen und die Rosenblütensahne zugedeckt 20–30 Minuten ziehen lassen.
Währenddessen die weiße Schokolade hacken und in eine Metallschüssel geben. Diese auf ein heißes, aber nicht kochendes Wasserbad setzen. Dabei darf der Schüsselboden das Wasser nicht berühren. Die Schokolade behutsam schmelzen, dann die Metallschüssel vom Wasserbad nehmen.

Die Rosenblütensahne durch ein feines Sieb gießen und mit der Butter und dem Akazienhonig erhitzen, aber nicht kochen lassen.

⅓ der heißen Rosenblütensahne auf die flüssige Schokolade gießen, mit einem Gummispatel von innen nach außen verrühren, bis eine Emulsion entsteht. Sollte die Masse aussehen, als wäre sie geronnen, kräftig weiterrühren, bis sie sich wieder verbindet. Wieder ⅓ der heißen Rosenblütensahne zugeben. Alles erneut von innen nach außen verrühren, bis eine homogene Masse entsteht. Dann die restliche Rosenblütensahne unterrühren und emulgieren.

Die Emulsion mit einem Stabmixer pürieren, bis eine glatte, glänzende Ganache entstanden ist. Die Schüssel in den Kühlschrank stellen und die Rosenblüten-Ganache zugedeckt 1 Tag ruhen lassen.
Die Rosenblüten-Ganache aus dem Kühlschrank nehmen und ca. 1 Stunde auf Raumtemperatur temperieren lassen.

Die Macaron-Böden auf einem Backblech abwechselnd mit der Oberseite nach oben und nach unten anordnen. Die Rosenblüten-Ganache in einen Einwegspritzbeutel mit glatter Tülle (13 mm) füllen und auf die Hälfte der Macaron-Böden spritzen. Die ungefüllten Macaron-Böden behutsam daraufsetzen und andrücken, damit sich die Füllung bis zum Rand verteilt.

Die Rosen-Macarons offen im Kühlschrank mindestens 2 Stunden kühlen.

TIPP

Ich verwende für meine Rosen-Macarons ausschließlich sehr gute, aromatische, getrocknete essbare Rosenblütenknospen. Bitte auf wirklich sehr gute Qualität achten, dann wird man später beim Genießen mit einer wahrhaften »natürlichen« Geschmacksexplosion belohnt. Bitte die Finger lassen von Rosenblütenwasser!

DÔME

Dulce de leche

für 1 Glas (ca. 200 g)

ZUTATEN

1 l Vollmilch
275 g Kristallzucker
½ TL Backnatron
1 EL flüssiger Vanilleextrakt

Die Vollmilch, den Kristallzucker und das Backnatron in einen Topf geben und aufkochen. Die Hitze reduzieren und die Milch-Zucker-Mischung bei mittlerer Hitze 30 Minuten köcheln lassen, dabei ab und zu mit einem Kochlöffel umrühren.

Nach einer Kochzeit von ca. 30–40 Minuten färbt sich die Milch-Zucker-Mischung bräunlich. Den Vanilleextrakt zugeben und ca. 1 Stunde weiterköcheln lassen, dabei ständig mit einem Holzlöffel umrühren.

Die fertig gekochte Dulce de leche soll eine Konsistenz wie Öl und eine hellbraune Farbe haben. Die heiße Dulce de leche dickt nach dem Erkalten noch ein, sodass sie dann eine Konsistenz wie dickflüssiger Honig aufweist. Die heiße Dulce de leche in ein Glas füllen, dieses verschließen und den Inhalt abkühlen lassen.

TIPP

Die Kochzeit variiert. Man kann die richtige Konsistenz testen, indem man 1 EL heiße Dulce de leche abnimmt und auf einen Teller gibt. Dickt sie nach dem Erkalten ein, ist sie fertig zum Abfüllen in ein Glas.

Die Dulce de leche hält sich mehrere Wochen im Kühlschrank.

Ich verwende Sie als Füllung für Macarons (siehe Rezept Seite 28), als Topping für Eis, Fruchtsalat oder Quark, als süßer Brotaufstrich oder einfach so zum Löffeln.

Es lohnt sich wirklich die Dulce de leche selbst zu machen, obwohl man lange beim Rühren steht – sie schmeckt einfach köstlich.

Dulce-de-leche-Macarons

ZUTATEN

Macaron-Böden

MERINGUE-MASSE

48 g Eiweiß (3 Tage im Voraus getrennt)

1 Prise Salz

133 g feiner Kristallzucker

30 g Wasser

MANDEL-ZUCKER-MISCHUNG

133 g Puderzucker

133 g gemahlene, blanchierte Mandelkerne

MACARONAGE

48 g Eiweiß (3 Tage im Voraus getrennt)

Mandel-Zucker-Mischung (siehe oben)

Meringue-Masse (siehe oben)

Dulce-de-leche-Ganache

50 g sehr gute weiße Schokolade (z.B. Opalys von Valrhona)

50 g Dulce de leche (siehe Rezept Seite 27)

200 g Sahne

TIPP
Ich verwende für meine Dulce-de-leche-Macarons nur hausgemachte Dulce de leche. Die Zubereitung macht etwas Mühe, aber die Arbeit lohnt sich – sie schmeckt einfach ungleich besser.

MACARON-BÖDEN

Für die Macaron-Böden die Schritte 1–15 des Grundrezepts (»Macaron-Grundmasse«, siehe Seite 12–17) durchführen.

Die abgekühlten Macaron-Böden bis zum Füllen bei Zimmertemperatur lagern.

DULCE-DE-LECHE-GANACHE

Die weiße Schokolade hacken und in eine Metallschüssel geben. Diese auf ein heißes, aber nicht kochendes Wasserbad setzen. Dabei darf der Schüsselboden das Wasser nicht berühren. Die weiße Schokolade behutsam schmelzen.

Die Sahne und die Dulce de leche in einen Topf geben und unter ständigem Rühren erhitzen, aber nicht kochen lassen.

Die heiße Dulce-de-leche-Sahne auf die geschmolzene Schokolade gießen, mit einem Gummispatel von innen nach außen verrühren, bis eine Emulsion entsteht.

Die Emulsion mit einem Stabmixer pürieren, in eine Rührschüssel füllen und zugedeckt 1 Tag in den Kühlschrank stellen.

Die Macaron-Böden auf einem Backblech abwechselnd mit der Oberseite nach oben und nach unten anordnen.

Die gut gekühlte Dulce-de-leche-Ganache aus dem Kühlschrank nehmen und mit den Rührbesen des Handrührgeräts cremig aufschlagen. Das dauert etwas länger als bei normaler Schlagsahne.

Die aufgeschlagene Ganache in einen Einwegspritzbeutel mit glatter Tülle (13 mm) füllen und auf die Hälfte der Macaron-Böden spritzen. Die ungefüllten Macaron-Böden behutsam daraufsetzen und andrücken, damit sich die Füllung bis zum Rand verteilt.

Die Dulce-de-leche-Macarons offen im Kühlschrank mindestens 2 Stunden kühlen.

Kokosnuss-Macarons

ZUTATEN

Macaron-Böden

MERINGUE-MASSE
48 g Eiweiß (3 Tage im Voraus getrennt)
1 Prise Salz
133 g feiner Kristallzucker
30 g Wasser

MANDEL-ZUCKER-MISCHUNG
133 g Puderzucker
133 g gemahlene, blanchierte Mandelkerne

MACARONAGE
48 g Eiweiß (3 Tage im Voraus getrennt)
Mandel-Zucker-Mischung (siehe oben)
Meringue-Masse (siehe oben)

Kokosnuss-Ganache

110 g sehr gute weiße Schokolade (z.B. Opalys von Valrhona)
50 g Kokosnusscreme (vakuumierte Paste, 100 % Kokosnussanteil, von Rapunzel)
160 g Sahne
10 g Butter
10 g Akazienhonig
4 EL getrocknete Kokosnussraspel

MACARON-BÖDEN

Für die Macaron-Böden die Schritte 1–15 des Grundrezepts (»Macaron-Grundmasse«, siehe Seite 12–17) durchführen.

Die abgekühlten Macaron-Böden bis zum Füllen bei Zimmertemperatur lagern.

KOKOSNUSS-GANACHE

Die weiße Schokolade hacken und in eine Schüssel geben.

Die Kokosnusscreme und die Sahne in einem Topf einmal aufkochen lassen. Den Topf vom Herd nehmen und die Butter, den Akazienhonig und die Kokosnussraspel unterrühren.

⅓ der heißen Kokosnusssahne auf die gehackte Schokolade gießen, mit einem Gummispatel von innen nach außen verrühren, bis sich die Schokolade aufgelöst hat und eine Emulsion entsteht. Sollte die Masse aussehen, als wäre sie geronnen, kräftig weiterrühren, bis sie sich wieder verbindet. Wieder ⅓ der heißen Kokosnusssahne zugeben. Alles erneut von innen nach außen verrühren, bis eine homogene Masse entsteht. Dann die restliche Kokosnusssahne unterrühren und emulgieren.

Die Emulsion mit einem Stabmixer pürieren, bis eine glänzende Ganache entstanden ist. Die Schüssel in den Kühlschrank stellen und die Kokosnuss-Ganache zugedeckt 1 Tag ruhen lassen.

Die Kokosnuss-Ganache aus dem Kühlschrank nehmen und ca. 1 Stunde auf Raumtemperatur temperieren lassen.

Die Macaron-Böden auf einem Backblech abwechselnd mit der Oberseite nach oben und nach unten anordnen. Die Kokosnuss-Ganache in einen Einwegspritzbeutel mit glatter Tülle (13 mm) füllen und auf die Hälfte der Macaron-Böden spritzen. Die ungefüllten Macaron-Böden behutsam daraufsetzen und andrücken, damit sich die Füllung bis zum Rand verteilt.

Die Kokosnuss-Macarons offen im Kühlschrank mindestens 2 Stunden kühlen.

Kokosnuss-Tiramisu mit Ananas und Limette

ZUTATEN

Ananasmarinade
½ vollreife Ananas
2 Bio-Limetten
1 EL weißer Rum

Kokos-Mascarpone-Creme
50 g Kokosnusscreme (vakuumierte Paste, 100 % Kokosnussanteil, von Rapunzel)
3 sehr frische Eigelbe
6 EL feiner Kristallzucker
300 g Mascarpone
250 g Sahne

Fertigstellen
200 g Löffelbiskuits
Ananasmarinade (siehe oben)
Kokos-Mascarpone-Creme (siehe oben)
fein geriebene Limettenschale (siehe Teilrezept »Ananasmarinade«)
50 g feiner Kristallzucker
2 EL getrocknete Kokosrapsel

ANANASMARINADE
Die Ananas schälen und vom Strunk befreien, dann in Stücke schneiden und in einen Mixbecher geben. Die Schale der Limetten fein reiben, mit Frischhaltefolie abdecken und für die Zubereitung des Toppings (siehe Teilrezept »Fertigstellen«) beiseitestellen.

Den Saft der Limette auspressen und über die Ananasstücke träufeln. Den weißen Rum zugeben und alles zusammen fein pürieren. Das Ananaspüree durch ein feines Sieb passieren und in einen tiefen Teller füllen.

KOKOS-MASCARPONE-CREME
Die Kokosnusscreme in eine Metallschüssel geben. Diese auf ein heißes Wasserbad setzen und die Kokosnusscreme behutsam schmelzen. Die sehr frischen Eigelbe und 1 EL Kristallzucker in eine Rührschüssel geben und mit dem Schneebesenaufsatz 5 Minuten aufschlagen, bis eine dickliche, weiße Creme entsteht. Die Creme mit der Kokosnusscreme und dem Mascarpone glatt rühren. Die Sahne in eine Rührschüssel geben und mit dem Handrührgerät steif schlagen, dabei nach und nach den restlichen Kristallzucker (5 EL) einrieseln lassen. Die gesüßte Schlagsahne locker unter die Creme heben.

FERTIGSTELLEN
Je 1 Löffelbiskuit in die Ananasmarinade tunken, etwas ziehen lassen und dicht an dicht in eine rechteckige Form (ca. 15 x 25 cm) legen. Darauf die Hälfte der Kokos-Mascarpone-Creme streichen. Die restlichen Löffelbiskuits tränken, darauf einschichten und mit der restlichen Kokos-Mascarpone-Creme bedecken.

Für das Topping die fein geriebene Limettenschale, den Kristallzucker und die Kokosraspel in einem Mörser fein zerstoßen und gleichmäßig über die Kokos-Mascarpone-Creme streuen.

Das Kokosnuss-Tiramisu am besten über Nacht im Kühlschrank durchziehen lassen.

TIPP
Für eine alkoholfreie Variante oder wenn Kinder mitessen kann man den weißen Rum einfach weglassen.

Îles flottantes mit Vanillesauce

ZUTATEN

Vanillesauce
500 ml Vollmilch
100 ml Sahne
1 Vanilleschote
4 Eigelb
80 g Kristallzucker

Eischneenocken
4 frische Eiweiß (von sehr guten Bio-Eiern)
1 Prise Salz
1 Spritzer frisch gepresster Zitronensaft
100 g feiner Kristallzucker
½ – ¾ l Wasser

VANILLESAUCE

Die Vollmilch und die Sahne in einen Topf geben. Die Vanilleschote längs aufschlitzen, das Vanillemark auskratzen und zusammen mit der leeren Vanilleschote zugeben. Das Ganze fast zum Kochen bringen, dann vom Herd nehmen und zugedeckt 20 Minuten ziehen lassen. Die leere Vanilleschote entfernen. Die Eigelbe und den Kristallzucker in eine Schüssel geben und mit dem Schneebesen kurz verrühren. Die heiße Vanillesahne unter ständigem Rühren langsam unter die Eigelb-Zucker-Mischung rühren. Die Masse sofort zurück in den Topf geben und erhitzen, dabei ständig mit einem Holzlöffel rühren, bis die Masse leicht andickt und cremig wird. Die Vanillesauce darf nicht kochen. Den Topf sofort vom Herd nehmen und die Vanillesauce durch ein feines Sieb in einen Topf oder in eine Schüssel passieren. Die Vanillesauce abdecken und bis zum Servieren warm halten.

TIPP
So prüft man, ob die Sauce fertig ist: Wenn man den Holzlöffel herausnimmt, auf die Rückseite pustet und die Sauce sich dann wellen- bzw. rosenförmig verteilt, ist sie fertig. Das nennt man »zur Rose abziehen«. Alternativ kann man die Sauce auch mit einem Digitalthermometer überwachen, bei 82 °C sofort vom Herd nehmen und durch ein feines Sieb passieren.

TIPP
Wer will, beträufelt die Nocken zum Schluss mit etwas Karamellsauce (siehe Seite 132).

TIPP
Alternativ kann man 4 Nocken abstechen, in je 1 kleine Schale gleiten lassen und in der Mikrowelle bei 600 Watt ca. 10 Sekunden garen, bis die Eischneenocken erstarrt sind.

EISCHNEENOCKEN

Die Eiweiße mit 1 Prise Salz und 1 Spritzer frisch gepresstem Zitronensaft in die Rührschüssel geben und mit dem Schneebesenaufsatz schlagen, dabei langsam den Kristallzucker einrieseln lassen und so lange weiterschlagen, bis ein glänzender, fester Eischnee entstanden ist. Währenddessen das Wasser in einem breiten Topf zum Sieden bringen. Mit einem großen Löffel nacheinander 4 Nocken vom Eischnee abstechen und in das nicht mehr kochende Wasser gleiten lassen. Die Eischneenocken bei geschlossenem Topf 3–4 Minuten ziehen lassen, bis sie erstarren, dabei die Eischneenocken einmal mit einem Löffel behutsam wenden. Dann mit einer Schöpfkelle herausschöpfen, kurz abtropfen lassen und sofort anrichten.

ANRICHTEN

Die warme Vanillesauce auf 4 Schalen verteilen und je 1 Eischneenocke hineingleiten lassen. Diese »schwimmenden Inseln« sofort servieren.

Pavlova mit Erdbeeren und Vanille

ZUTATEN

Vanillesahne
50 g sehr gute weiße Schokolade (z.B. Opalys von Valrhona)
175 ml Sahne
1 Vanilleschote

Meringue
3 Eiweiß
80 g feiner Kristallzucker
80 g Puderzucker

Marinierte Erdbeeren
250 g frische Erdbeeren
1 Bio-Zitrone

Fertigstellen
gut gekühlte Vanillesahne (siehe Teilrezept »Vanillesahne«)
4 abgekühlte Meringue (siehe Teilrezept »Meringue«)
marinierte Erdbeeren (siehe Teilrezept »marinierte Erdbeeren«)

VANILLESAHNE

Die Schokolade hacken und in eine Rührschüssel geben.

Die Sahne in einem Topf erhitzen. Die Vanilleschote längs mit einem spitzen Messer aufschlitzen, das Mark herauskratzen und beides in die heiße Sahne geben. Sobald die Sahne fast zu kochen beginnt, den Topf vom Herd nehmen und die Vanillesahne zugedeckt 30 Minuten ziehen lassen. Dann die Vanilleschote herausnehmen. Die Vanillesahne erneut erhitzen, aber nicht kochen lassen.

⅓ der heißen Vanillesahne auf die gehackte Schokolade gießen, mit einem Gummispatel von innen nach außen verrühren, bis sich die Schokolade aufgelöst hat und eine Emulsion entsteht. Wieder ⅓ der heißen Vanillesahne zugeben. Alles erneut von innen nach außen verrühren, bis sich alles verbunden hat. Dann die restliche Vanillesahne unterrühren und emulgieren.

Die Rührschüssel in den Kühlschrank stellen und die Vanillesahne zugedeckt 1 Tag ruhen lassen.

MERINGUE

Die Eiweiße in die Rührschüssel geben und bei niedrigster Stufe mit dem Schneebesenaufsatz aufschlagen, dabei nach und nach den Kristallzucker einrieseln lassen. Dann bei höchster Stufe weiterschlagen, bis ein glänzender, fester Eischnee entstanden ist. Den Puderzucker über den Eischnee sieben und mit einem Löffel oder einem Gummispatel vorsichtig unterheben.

Den Backofen rechtzeitig auf 100°C (Umluft) vorheizen.

Ein Backblech mit Backpapier belegen und darauf mit einem großen Löffel 4 große Kleckse Eischnee setzen. Das Backblech in den Backofen schieben und die Meringue 3 Stunden backen, dann den Backofen ausschalten und die Backofentüre einen Spalt öffnen. Die Meringue auf dem Blech im Backofen abkühlen lassen.

MARINIERTE ERDBEEREN

50 g frische Erdbeeren putzen, vierteln und in einen kleinen Topf geben. Die Schale der Zitrone fein reiben und zusammen mit dem frisch gepressten Zitronensaft zu den Erdbeervierteln geben. Das Ganze langsam erhitzen, aber nicht kochen lassen. Dann vom Herd nehmen und abkühlen lassen. Währenddessen die restlichen Erdbeeren putzen und halbieren. Die abgekühlten Erdbeeren pürieren und durch ein feines Sieb streichen. Die Erdbeerhälften mit der Erdbeersauce marinieren und in den Kühlschrank stellen.

FERTIGSTELLEN

Die gut gekühlte Vanillesahne aus dem Kühlschrank nehmen und mit den Rührbesen des Handrührgeräts zu einer cremigen Vanillesahne aufschlagen. Das dauert etwas länger als bei normaler Schlagsahne.

Die getrocknete Meringue vorsichtig mit den Händen quer aufbrechen, sodass 2 Hälften entstehen. Die marinierten Erdbeeren abgießen, die Marinade dabei auffangen. Die unteren Meringuehälften auf 4 Teller setzen und mit den abgetropften Erdbeeren füllen. Darauf mit einem Löffel etwas Vanillesahne geben und je 1 Deckel locker daraufsetzen. Die Marinade über die Pavlova träufeln und sofort servieren.

TIPP

Die getrocknete Meringue nicht mit dem Messer halbieren, sondern mit den Händen unregelmäßig auseinanderbrechen. Sie darf nicht »perfekt« aussehen.

Verrückt nach Macarons

ÜBER EIN SEHR SENSIBLES GEBÄCK

Wenn man anfängt, Macarons zu essen und sie zu lieben, oder spätestens wenn man sie selber bäckt, entdeckt man sie auf einmal überall. In den letzten Jahren hat sich ein wahrer Macarons-Boom ausgebreitet – Petit Fours interessieren niemanden mehr, es müssen Macarons sein. Auch wenn es Macarons seit Ewigkeiten gibt – schon zu Zeiten der Medici –, und auch, wenn Ladurée (ein Pariser Patissier) sie neu erfand – Who cares! Bekannt wurden sie durch die amerikanische TV-Serie "Sex and the City" und bei den ganz Jungen durch die TV-Serie "Gossip Girl". Ich betrachte mich in keinster Art und Weise als Künstlerin. Backen ist ein Handwerk. Aber Macarons zu backen ist eine Kunst für sich. Ich kann Ihnen nur davon abraten, Macarons zu backen, wenn Sie wütend oder traurig oder auch überglücklich-euphorisch sind. Versuchen Sie es nicht einmal, wenn Sie Liebeskummer haben oder wenn Sie auf Diät sind. Die Macarons gelingen einfach nicht. Nicht zu vergessen die äußeren Umstände oder das Wetter: Macarons sind wetterfühlig! Scheint die Sonne bei 30 Grad, dann gehen Sie lieber schwimmen. Und wenn es gibt etwas, das die Macarons am meisten hassen, ist es Regen … Macarons haben eine fröhliche Natur. Backen Sie sie, wenn Sie voll Freude sind. Sie müssen aber sehr viel Geduld mitbringen, und Beharrlichkeit. Ich verspreche Ihnen: Das Macarons-Backen wird Ihnen am Ende gelingen.

Zitronen-Macarons

ZUTATEN

Macaron-Böden

MERINGUE-MASSE
48 g Eiweiß (3 Tage im Voraus getrennt)
1 Prise Salz
133 g feiner Kristallzucker
30 g Wasser
1 Msp. gelbe Lebensmittelfarbe (Pulver)

MANDEL-ZUCKER-MISCHUNG
133 g Puderzucker
133 g gemahlene, blanchierte Mandelkerne
½ TL Bio-Zitronenschale (am Vortag gerieben)

MACARONAGE
48 g Eiweiß (3 Tage im Voraus getrennt)
Mandel-Zucker-Mischung (siehe oben)
Meringue-Masse (siehe oben)

Zitronencreme

5–7 große, aromatische Bio-Zitronen
½ Blatt weiße Gelatine
2 Eigelb
14 g Speisestärke
90 g feiner Kristallzucker
120 g kalte Butterwürfel
35 g gemahlene, blanchierte Mandelkerne

MACARON-BÖDEN

Für die Macaron-Böden die Schritte 1–5 des Grundrezepts (»Macaron-Grundmasse«, siehe Seite 12–17) durchführen.

Die gelbe Lebensmittelfarbe zu der kalt geschlagenen Meringue-Masse geben und gut unterrühren.

Bei Schritt 6 die am Vortag geriebene und somit getrocknete Zitronenschale mit der Mandel-Zucker-Mischung mixen. Dann die Schritte 7–15 nach Grundrezept durchführen.

Die abgekühlten Macaron-Böden bis zum Füllen bei Zimmertemperatur lagern.

FÜLLUNG

Die Schale der Zitronen fein abreiben und beiseitestellen. Den Saft der Zitronen auspressen und 140 g abwiegen. Je nach Größe der Zitronen benötigt man so 5 – 7 Stück, also ist es am besten, Zitrone für Zitrone vorzugehen. Den Zitronensaft mit der geriebenen Zitronenschale in einem kleinen Topf verrühren.

Die Blattgelatine mindestens 5 Minuten in kaltem Wasser einweichen.

Die Eigelbe, die Speisestärke und den Kristallzucker in einer kleinen Schüssel glatt rühren. Die Masse unter den Zitronensaft rühren und langsam zum Kochen bringen, dabei ständig mit einem Holzlöffel rühren, bis die Masse glatt und leicht gläsern wird. Die Zitronenmasse soll kurz kochen, dann den Topf vom Herd nehmen.

Die eingeweichte Gelatine gut ausdrücken und in die heiße Zitronenmasse rühren und auflösen.

Dann mit einem Pürierstab nach und nach langsam die kalten Butterwürfel unter die noch heiße Zitronenmasse mixen. Die Zitronencreme weitermixen, bis eine homogene Masse entstanden ist. Zum Schluss die gemahlenen Mandelkerne untermixen. Die Zitronencreme in eine Schüssel füllen, mit Frischhaltefolie bedecken, abkühlen und 1 Tag im Kühlschrank ruhen lassen.

Die Zitronencreme aus dem Kühlschrank nehmen und ca. 1 Stunde auf Zimmertemperatur temperieren lassen.

Die Macaron-Böden auf einem Backblech abwechselnd mit der Oberseite nach oben und nach unten anordnen. Die Zitronencreme in einen Einwegspritzbeutel mit glatter Tülle (13 mm) füllen und auf die Hälfte der Macaron-Böden spritzen. Die ungefüllten Macaron-Böden behutsam daraufsetzen und andrücken, damit sich die Füllung bis zum Rand verteilt.

Die Zitronen-Macarons offen im Kühlschrank mindestens 2 Stunden kühlen.

Zweierlei Macarons mit

ZUTATEN

Macaron-Böden
40 fertige Vanille-Macaron-Böden (siehe Rezept Seite 21)
40 fertige Zitronen-Macaron-Böden (siehe Rezept Seite 42)

Vanille-Ganache
150 g sehr gute weiße Schokolade (z.B. Opalys von Valrhona)
150 g Sahne
1 Vanilleschote
10 g Butter
10 g Akazienhonig

Zitronencreme
5–7 große, aromatische Bio-Zitronen
½ Blatt weiße Gelatine
2 Eigelb
14 g Speisestärke
90 g feiner Kristallzucker
120 g kalte Butterwürfel
35 g gemahlene, blanchierte Mandelkerne

MACARON-BÖDEN

Für die Macaron-Böden die Arbeitsschritte 1–15 wie in den Rezepten »Vanille-Macarons« (Seite 21) und »Zitronen-Macarons« (Seite 42) beschrieben durchführen.

TIPP
Die »zweierlei« Macarons sind eigentlich entstanden, als ich noch Reste von Macaron-Böden hatte.
Falls keine Reste vorhanden sind, kann man diese Macarons natürlich extra zubereiten. Bitte hierzu die Mengen verdoppeln, da die Zubereitung von einem halben Rezept der jeweiligen Macarons nicht funktioniert. Die Zutatenmenge der Vanille-Ganache dann bitte auch verdoppeln, für die Zitronencreme reicht das 1,5-fache Rezept. Natürlich schmecken diese Macarons auch, wenn man sie mit nur einer Sorte Macaron-Böden zubereitet.

VANILLE-GANACHE

Die weiße Schokolade hacken und in eine Schüssel geben.

Die Sahne in einem Topf erhitzen. Die Vanilleschote längs mit einem spitzen Messer aufschlitzen, das Mark herauskratzen und beides in die heiße Sahne geben. Sobald die Sahne fast zu kochen beginnt, den Topf vom Herd nehmen und die Vanillesahne zugedeckt 20 Minuten ziehen lassen. Dann die Vanilleschote herausnehmen und mit den Händen fest ausdrücken. Die Vanillesahne erneut leicht erhitzen, die Butter und den Honig unterrühren und auflösen.

⅓ der heißen Vanillesahne auf die gehackte Schokolade gießen, mit einem Gummispatel von innen nach außen verrühren, bis sich die Schokolade aufgelöst hat und eine Emulsion entsteht. Sollte die Masse aussehen, als wäre sie geronnen, kräftig weiterrühren, bis sie sich wieder verbindet. Wieder ⅓ der heißen Vanillesahne zugeben. Alles erneut von innen nach außen verrühren, bis eine homogene Masse entsteht. Dann die restliche Vanillesahne unterrühren und emulgieren.

Die Emulsion mit einem Stabmixer pürieren, bis eine glatte, glänzende Ganache entstanden ist. Die Schüssel in den Kühlschrank stellen und die Vanille-Ganache zugedeckt 1 Tag ruhen lassen.

Zitrone und Vanille

ZITRONENCREME

Die Schale der Zitronen fein abreiben und beiseitestellen. Den Saft der Zitronen auspressen und 140 g abwiegen. Je nach Größe der Zitronen benötigt man 5–7 Stück, also ist es am besten, Zitrone für Zitrone vorzugehen. Den Zitronensaft mit der geriebenen Zitronenschale in einem kleinen Topf verrühren.

Die Blattgelatine mindestens 5 Minuten in kaltem Wasser einweichen.

Die Eigelbe, die Speisestärke und den Kristallzucker in einer kleinen Schüssel glatt rühren. Die Masse unter den Zitronensaft rühren und langsam zum Kochen bringen, dabei ständig mit einem Holzlöffel rühren, bis die Masse glatt und leicht gläsern wird. Die Zitronenmasse soll kurz kochen, dann den Topf vom Herd nehmen.

Die eingeweichte Gelatine gut ausdrücken und in die heiße Zitronenmasse rühren und auflösen.

Dann mit einem Pürierstab nach und nach langsam die kalten Butterwürfel unter die noch heiße Zitronenmasse mixen. Die Zitronencreme weitermixen, bis eine homogene Masse entstanden ist. Zum Schluss die gemahlenen Mandelkerne untermixen. Die Zitronencreme in eine Schüssel füllen, mit Frischhaltefolie bedecken, abkühlen und 1 Tag im Kühlschrank ruhen lassen.

FERTIGSTELLEN

Die Vanille-Ganache und die Zitronencreme aus dem Kühlschrank nehmen und ca. 1 Stunde auf Zimmertemperatur temperieren lassen.

Die Zitronen-Macaron-Böden auf einem Backblech mit der Oberseite nach unten und die Vanille-Macaron-Böden nach oben anordnen. Dabei immer Paare zusammensortieren, die den gleichen Durchmesser haben. Die Vanille-Ganache in einen Einwegspritzbeutel mit glatter Tülle (13 mm) füllen und auf die Zitronen-Macaron-Böden spritzen. Die Zitronencreme in einen Einweg-spritzbeutel mit glatter Tülle (8 mm) füllen und mittig je 1 kleinen Tupfen auf die Vanille-Ganache spritzen. Die ungefüllten Vanille-Macaron-Böden behutsam daraufsetzen und andrücken, damit sich die Füllung bis zum Rand verteilt.

Die gefüllten Macarons offen im Kühlschrank mindestens 2 Stunden kühlen.

Zitrusfrucht-Macarons mit Chili

ZUTATEN

Macaron-Böden

MERINGUE-MASSE

48 g Eiweiß (3 Tage im Voraus getrennt)
1 Prise Salz
133 g feiner Kristallzucker
30 g Wasser
1 Msp. gelbe Lebensmittelfarbe (Pulver)

MANDEL-ZUCKER-MISCHUNG

133 g Puderzucker
133 g gemahlene, blanchierte Mandelkerne

MACARONAGE

48 g Eiweiß (3 Tage im Voraus getrennt)
Mandel-Zucker-Mischung (siehe oben)
Meringue-Masse (siehe oben)

Zitrusfrucht-Chili-Ganache

150 g Sahne
5 g frisch geriebene gemischte Bio-Zitrusfruchtschale (Limette, Orange, Zitrone)
1 Prise Piment d'Espelette (baskisches Chilipulver)
1 EL Butter
1 EL Akazienhonig
150 g sehr gute weiße Schokolade (z.B. Opalys von Valrhona)

MACARON-BÖDEN

Für die Macaron-Böden die Schritte 1–5 des Grundrezepts (»Macaron-Grundmasse«, siehe Seite 12–17) durchführen. Die gelbe Lebensmittelfarbe zu der kalt geschlagenen Meringue-Masse geben und gut unterrühren. Dann die Schritte 6–15 nach Grundrezept durchführen.

Die abgekühlten Macaron-Böden bis zum Füllen bei Zimmertemperatur lagern.

ZITRUSFRUCHT-CHILI-GANACHE

Die Sahne in einen Topf geben und aufkochen. Die frisch geriebene Zitrusfruchtschale und das Chilipulver in die heiße Sahne geben. Den Topf vom Herd nehmen und die Zitrusfrucht-Chili-Sahne zugedeckt 20–30 Minuten ziehen lassen.

Währenddessen die weiße Schokolade hacken und in eine Metallschüssel geben. Diese auf ein heißes, aber nicht kochendes Wasserbad setzen. Dabei darf der Schüsselboden das Wasser nicht berühren. Die Schokolade behutsam schmelzen, dann die Metallschüssel vom Wasserbad nehmen.

Die Zitrusfrucht-Chili-Sahne durch ein feines Sieb gießen und mit der Butter und dem Akazienhonig erhitzen, aber nicht kochen lassen.

⅓ der heißen Zitrusfrucht-Chili-Sahne auf die flüssige Schokolade gießen, mit einem Gummispatel von innen nach außen verrühren, bis eine Emulsion entsteht. Sollte die Masse aussehen, als wäre sie geronnen, kräftig weiterrühren, bis sie sich wieder verbindet. Wieder ⅓ der heißen Zitrusfrucht-Chili-Sahne

TIPP
Ich verwende für meine Zitrusfrucht-Macarons das baskische Chilipulver Piment d'Espelette. Seine moderate Schärfe und sein sehr aromatisches intensives, fruchtig-süßes Aroma harmoniert wunderbar mit den Zitrusfruchtnoten.

zugeben. Alles erneut von innen nach außen verrühren, bis eine homogene Masse entsteht. Dann die restliche Zitrusfrucht-Chili-Sahne unterrühren und emulgieren.

Die Emulsion mit einem Stabmixer pürieren, bis eine glatte, glänzende Ganache entstanden ist. Die Schüssel in den Kühlschrank stellen und die Zitrusfrucht-Chili-Ganache zugedeckt 1 Tag ruhen lassen.

Die Zitrusfrucht-Chili-Ganache aus dem Kühlschrank nehmen und ca. 1 Stunde auf Zimmertemperatur temperieren lassen.

Die Macaron-Böden auf einem Backblech abwechselnd mit der Oberseite nach oben und nach unten anordnen. Die Zitrusfrucht-Chili-Ganache in einen Einwegspritzbeutel mit glatter Tülle (13 mm) füllen und auf die Hälfte der Macaron-Böden spritzen. Die ungefüllten Macaron-Böden behutsam daraufsetzen und andrücken, damit sich die Füllung bis zum Rand verteilt.

Die Zitrusfrucht-Macarons mit Chili offen im Kühlschrank mindestens 2 Stunden kühlen.

TIGER
Dressmakers
Pins

Mango-Macarons

ZUTATEN

Macaron-Böden

MERINGUE-MASSE

48 g Eiweiß (3 Tage im Voraus getrennt)
1 Prise Salz
133 g feiner Kristallzucker
30 g Wasser
1 Msp. orange Lebensmittelfarbe (Pulver)

MANDEL-ZUCKER-MISCHUNG

133 g Puderzucker
133 g gemahlene, blanchierte Mandelkerne

MACARONAGE

48 g Eiweiß (3 Tage im Voraus getrennt)
Mandel-Zucker-Mischung (siehe oben)
Meringue-Masse (siehe oben)

Mango-Ganache

150 g Mangopüree, frisch passiert
7 g Akazienhonig
27 g Gelierzucker (2:1)
1,5 Blatt weiße Gelatine
1 Bio-Zitrone
14 g Butter
150 g sehr gute weiße Schokolade (z.B. Ivoire von Valrhona)

MACARON-BÖDEN

Für die Macaron-Böden die Schritte 1–5 des Grundrezepts (»Macaron-Grundmasse«, siehe Seite 12–17) durchführen.

Die orange Lebensmittelfarbe zu der kalt geschlagenen Meringue-Masse geben und gut unterrühren.

Dann die Schritte 6–15 nach Grundrezept durchführen.

Die abgekühlten Macaron-Böden bis zum Füllen bei Zimmertemperatur lagern.

MANGO-GANACHE

Das frisch passierte Mangopüree in einen kleinen Topf geben, den Akazienhonig und den Gelierzucker unterrühren. Die Blattgelatine mindestens 5 Minuten in kaltem Wasser einweichen. Die Schale der Bio-Zitrone fein abreiben und mit dem frisch gepressten Saft unter das Mangopüree rühren. Die Butter zugeben und alles zusammen unter ständigem Rühren langsam zum Kochen bringen. Sobald das Mangopüree gerade kocht (einmal aufblubbert), den Topf vom Herd nehmen und 2–3 Minuten ruhen lassen. Die eingeweichte und gut ausgedrückte Gelatine zugeben und unter Rühren auflösen.

Währenddessen die weiße Schokolade hacken und in eine Metallschüssel geben. Diese auf ein heißes, aber nicht kochendes Wasserbad setzen. Dabei darf der Schüsselboden das Wasser nicht berühren. Die Schokolade behutsam schmelzen, dann die Metallschüssel vom Wasserbad nehmen.

⅓ des heißen Mangopürees auf die flüssige Schokolade gießen, mit einem Gummispatel von innen nach außen verrühren, bis eine Emulsion entsteht. Sollte die Masse aussehen, als wäre sie geronnen, kräftig weiterrühren, bis sie sich wieder verbindet. Wieder ⅓ des heißen Mangopürees zugeben. Alles erneut von innen nach außen verrühren, bis eine homogene Masse entsteht. Dann das restliche Mangopüree unterrühren und emulgieren.

Die Emulsion mit einem Stabmixer pürieren, bis eine glatte, glänzende Ganache entstanden ist. Die Schüssel in den Kühlschrank stellen und die Mango-Ganache zugedeckt 1 Tag ruhen lassen.

Die Mango-Ganache aus dem Kühlschrank nehmen und ca. 1 Stunde auf Raumtemperatur temperieren lassen.

Die Macaron-Böden auf einem Backblech abwechselnd mit der Oberseite nach oben und nach unten anordnen. Die Mango-Ganache in einen Einwegspritzbeutel mit glatter Tülle (13 mm) füllen und auf die Hälfte der Macaron-Böden spritzen. Die ungefüllten Macaron-Böden behutsam daraufsetzen und andrücken, damit sich die Füllung bis zum Rand verteilt.

Die Mango-Macarons offen im Kühlschrank mindestens 2 Stunden kühlen.

TIPP

Für eine süß-säuerliche Variante mache ich eine Füllung aus Passionsfrucht- oder Maracuja-Ganache. Ich halbiere die Früchte, löffle sie aus und streiche das geleeartige Innere ohne es zu pürieren durch ein feines Sieb, sodass die Kerne zurückbleiben. Für die Passionsfrucht- oder Marcuja-Ganache braucht man nur ½ Zitrone. Um 150 g Püree zu erhalten, braucht man je nach Größe 8–12 Früchte.

Weihnachts-Macarons

ZUTATEN

Macaron-Böden

MERINGUE-MASSE

48 g Eiweiß (3 Tage im Voraus getrennt)
1 Prise Salz
133 g feiner Kristallzucker
30 g Wasser
je 1 Prise rote und braune Lebensmittelfarbe (Pulver)

MANDEL-ZUCKER-MISCHUNG

133 g Puderzucker
133 g gemahlene, blanchierte Mandelkerne
1 Msp. gemahlener Zimt, Kardamom oder Gewürznelke (nach Belieben)

MACARONAGE

48 g Eiweiß (3 Tage im Voraus getrennt)
Mandel-Zucker-Mischung (siehe oben)
Meringue-Masse (siehe oben)

Orangenkonfit

2 große Bio-Orangen
50 g Wasser
30 g Kristallzucker

Gewürz-Ganache

150 g Sahne
5 Kardamomkapseln
1 Gewürznelke
1 Sternanis
1 Stück Zimtrinde (ca. 2 cm)
1 Prise frisch gemahlene Muskatnuss
150 g sehr gute weiße Schokolade (z.B. Opalys von Valrhona)
1 EL Butter
1 EL Akazienhonig

MACARON-BÖDEN

Für die Macaron-Böden die Schritte 1–5 des Grundrezepts (»Macaron-Grundmasse«, siehe Seite 12–17) durchführen.

Die rote und braune Lebensmittelfarbe zu der kalt geschlagenen Meringue-Masse geben und gut unterrühren.

Bei Schritt 6 das gemahlene Gewürz mit der Mandel-Zucker-Mischung mixen. Dann die Schritte 7–15 nach Grundrezept durchführen.

Die abgekühlten Macaron-Böden bis zum Füllen bei Zimmertemperatur lagern.

ORANGENKONFIT

Für die Zubereitung des Orangenkonfits den Backofen rechtzeitig auf 180°C (Umluft) vorheizen.

Die Orangen in Alufolie wickeln und im vorgeheizten Backofen 25 Minuten backen. Die Orangen in der Alufolie abkühlen lassen, dann ungeschält in ca. 1 cm große Würfel schneiden.

Das Wasser und den Kristallzucker in einem Topf zu einem hellen Sirup kochen. Die Orangenwürfel zugeben, vermischen und einmal aufkochen lassen. Den Topf vom Herd nehmen und die Orangen abkühlen lassen. Den Topfinhalt in einen Mixbecher füllen und mit dem Stabmixer fein pürieren. Das Orangenkonfit durch ein feines Sieb streichen und kalt stellen.

GEWÜRZGANACHE

Für die Gewürzganache die Sahne in einen Topf geben und leicht erwärmen. Die Samen aus den Kardamomkapseln lösen und in einen Mörser geben. Die Gewürznelke, den Sternanis und den Zimt zugeben und alles mit einem Stößel andrücken und leicht mörsern. Die Gewürzmischung und 1 Prise frisch gemahlene Muskatnuss zu der Sahne geben.

Die Gewürzsahne abkühlen lassen und zugedeckt über Nacht im Kühlschrank ziehen lassen.

mit konfierten Orangen

Die weiße Schokolade hacken und in eine Metallschüssel geben. Diese auf ein heißes, aber nicht kochendes Wasserbad setzen. Dabei darf der Schüsselboden das Wasser nicht berühren. Die Schokolade behutsam schmelzen, dann die Metallschüssel vom Wasserbad nehmen.

Die Gewürzsahne durch ein feines Sieb gießen und mit der Butter und dem Akazienhonig erhitzen, aber nicht kochen lassen.

⅓ der heißen Gewürzsahne auf die flüssige Schokolade gießen, mit einem Gummispatel von innen nach außen verrühren, bis eine Emulsion entsteht. Sollte die Masse aussehen, als wäre sie geronnen, kräftig weiterrühren, bis sie sich wieder verbindet. Wieder ⅓ der heißen Gewürzsahne zugeben. Alles erneut von innen nach außen verrühren, bis eine homogene Masse entsteht. Dann die restliche Gewürzsahne unterrühren und emulgieren.

Die Emulsion mit einem Stabmixer pürieren, bis eine glatte, glänzende Ganache entstanden ist. Die Schüssel in den Kühlschrank stellen und die Gewürzganache zugedeckt 1 Tag ruhen lassen.

Die Gewürzganache und das Orangenkonfit aus dem Kühlschrank nehmen und ca. 1 Stunde auf Zimmertemperatur temperieren lassen.

Die Macaron-Böden auf einem Backblech abwechselnd mit der Oberseite nach oben und nach unten anordnen.

Die Gewürzganache in einen Einwegspritzbeutel mit glatter Tülle (13 mm) füllen. Das Orangenkonfit in einen Einwegspritzbeutel mit glatter Tülle (4 mm) füllen. Auf die Hälfte der Macaron-Böden einen Tupfen Gewürzganache spritzen. Dann die Tüllenspitze des mit Orangenkonfit gefüllten Einwegspritzbeutels mittig in den Ganache-Tupfen stecken und etwas Orangenkonfit einspritzen. Die ungefüllten Macaron-Böden behutsam daraufsetzen und andrücken, damit sich die Füllung bis zum Rand verteilt.

Die Weihnachts-Macarons offen im Kühlschrank mindestens 2 Stunden kühlen.

TIPP
Die Füllung meiner Weihnachts-Macarons besteht aus einem Orangenkonfit umhüllt von einer Gewürz-Ganache. Es ist wichtig, dass etwas weniger Gewürz-Ganache auf den Macaronboden gespritzt wird. Diese wölbt sich dann beim Einspritzen des Orangenkonfits nach oben.

Gâteau Macaron mit

ZUTATEN

Macaronboden

MERINGUE-MASSE
48 g Eiweiß (3 Tage im Voraus getrennt)
1 Prise Salz
133 g feiner Kristallzucker
30 g Wasser

MANDEL-ZUCKER-MISCHUNG
133 g Puderzucker
133 g gemahlene, blanchierte Mandelkerne
1 Stück getrocknete, ausgekratzte Vanilleschote (ca. 4 cm)

MACARONAGE
48 g Eiweiß (3 Tage im Voraus getrennt)
Mandel-Zucker-Mischung (siehe oben)
Meringue-Masse (siehe oben)

Vanillemousse

360 g sehr gute weiße Schokolade (z.B. Opalys von Valrhona)
140 ml Vollmilch
325 ml Sahne
2 Eier
3 EL flüssiger Vanilleextrakt

Mangoglasur

2 vollreife, aromatische Mangos
2 Blatt weiße Gelatine
2 Limetten

glasierte Mangostreifen

1 reife, aromatische und gut schnittfeste Mango
100 g Aprikosenmarmelade

MACARON-BODEN

Für den Macaron-Boden die Schritte 1–5 des Grundrezepts (»Macaron-Grundmasse«, siehe Seite 12–17) durchführen.

Bei Schritt 6 die getrocknete, ausgekratzte Vanilleschote klein schneiden und mit der Mandel-Zucker-Mischung mixen. Dann die Schritte 7–11 nach Grundrezept durchführen.

Ein Backblech mit 1 dünnen antihaftbeschichteten Dauerbackfolie belegen. Die Fixierklammer vom Spritzbeutel lösen, dann ausgehend von der Backblechmitte eine Spirale mit einem Durchmesser von ca. 20 cm spritzen. Die Macaron-Spirale läuft glatt auseinander und hat einen seidigen Glanz.

Den Macaron-Kreis bei Raumtemperatur ca. 90 Minuten trocknen lassen, das Backblech dabei nicht abdecken. Der Macaron-Kreis verliert seinen Glanz, wird an der Oberfläche trocken und matt.

Rechtzeitig den Backofen auf 150°C (Umluft) vorheizen. Das Backblech in den Backofen schieben und den Macaron-Kreis 27 Minuten backen, dabei die Backofentüre nicht öffnen.

Das Backblech aus dem Backofen nehmen und den Macaron-Kreis sofort mit dem Ring einer Springform (20 cm Durchmesser) mittig ausstanzen. Den Macaron-Kreis abkühlen lassen und anschließend in die Springform (20 cm Durchmesser) legen.

VANILLEMOUSSE

Die weiße Schokolade hacken und in eine Metallschüssel geben. Diese auf ein heißes, aber nicht kochendes Wasserbad setzen. Dabei darf der Schüsselboden das Wasser nicht berühren. Die weiße Schokolade behutsam schmelzen.

Die Vollmilch und die Sahne in einem Topf einmal aufkochen. Die Eier aufschlagen und in einer Schüssel kurz verrühren. Die heiße Sahne daraufgießen und sofort verrühren, dann zurück in den Topf geben und unter Rühren erhitzen, bis die Masse leicht andickt. In keinem Fall darf die Masse kochen, sonst wird sie zu Rührei! Sie darf maximal 80°C erreichen. Die Masse durch ein feines Sieb passieren und mit dem Vanilleextrakt verrühren.

Vanillemousse und Mango

Die noch warme Eiercreme auf die geschmolzene Schokolade gießen und mit dem Schneebesen gut verrühren, bis sich alles gut verbunden hat. Diese Vanillemousse in die Springform auf den Macaron-Boden gießen.

Die Springform für 1 Stunde in das Tiefkühlfach stellen.

MANGOGLASUR

Die Mangos schälen und vom Kern befreien. Die Blattgelatine mindestens 5 Minuten in kaltem Wasser einweichen.

Das Mangofruchtfleisch würfeln und mit dem Stabmixer fein pürieren. Den Saft der Limetten auspressen und in einen kleinen Topf geben. Die eingeweichte Blattgelatine gut auspressen und zusammen mit dem Limettensaft behutsam erwärmen und auflösen. Dann sofort 3–4 EL Mangopüree unter das Gelatinegemisch rühren, anschließend diese Mischung schnell unter das restliche Mangopüree rühren und kalt stellen. Sobald die Mangoglasur etwas andickt, die vorbereitete Torte aus dem Tiefkühlfach nehmen und die Mangoglasur gleichmäßig auf der Vanillemousse verteilen. Die Torte mindestens 4 Stunden in den Kühlschrank stellen.

GLASIERTE MANGOSTREIFEN

Vor dem Servieren die Mango schälen und vom Kern befreien, dann mit einem scharfen Messer oder mit der Aufschnittmaschine in längliche Streifen schneiden. Die Mangostreifen nebeneinander auf eine Platte legen. Die Aprikosenmarmelade in einem kleinen Topf einmal aufkochen und durch ein feines Sieb streichen. Die Mangostreifen mit der heißen Aprikosenmarmelade bestreichen.

Den Gâteau Macaron aus dem Kühlschrank nehmen und vorsichtig aus der Springform lösen. Die glasierten Mangostreifen beliebig auf der Mangoglasur drapieren.

TIPP

Der Gâteau Macaron schmeckt statt mit Mango auch sehr gut mit Passionsfruchtmark.

Es bleibt etwas Macaron-Masse übrig. Einfach kleine Kreise auf ein weiteres Backblech aufspritzen und nach Grundrezept (siehe Seite 16–17, Schritte 11–15) backen. Die leeren Macaron-Böden kann man dann an den Rand des Gâteau Macaron kleben oder einfrieren und zu einem späteren Zeitpunkt für die Zubereitung von Trifles (siehe Rezept Seite 60) verwenden.

Trifles mit Zitronen und Macaronbruch

ZUTATEN

Zitronensahne
ca. 8–10 frische, aromatische Bio-Zitronen (je nach Größe)
150 g Kristallzucker
75 g Wasser
3 Vanilleschoten
200 g Sahne

Fertigstellen
Zitronencreme (siehe Teilrezept »Zitronensahne«)
1–2 Hände voll zerbrochene Macaron-Böden (z.B. Zitronenmacaron-Böden, siehe Rezept »Zitronen-Macarons« Seite 42)

ZITRONENSAHNE

Die Schale der Zitronen fein abreiben und den Saft auspressen. Den Zitronenabrieb und den Saft verrühren und 500 g abwiegen. (Dabei schrittweise verarbeiten, je nach Größe der Zitronen.) 500 g Zitronengemisch mit dem Kristallzucker und dem Wasser in einem Topf verrühren. Die Vanilleschoten längs aufschlitzen, das Vanillemark auskratzen und zusammen mit den ausgekratzten Vanilleschoten zugeben. Das Ganze langsam unter ständigem Rühren zum Kochen bringen, bis eine sämige Masse entsteht, dann vom Herd nehmen und die flüssige Sahne unterrühren. Die Zitronensahne zugedeckt 20 Minuten ziehen lassen. Die leeren Vanilleschoten herausnehmen. Die Zitronensahne in die Rührschüssel der Küchenmaschine füllen, abkühlen lassen und bis zum nächsten Tag im Kühlschrank durchziehen lassen.

FERTIGSTELLEN

Die gut gekühlte Zitronensahne aus dem Kühlschrank nehmen und sofort mit dem Schneebesenaufsatz luftig-cremig schlagen. Das dauert etwas länger als bei normaler Schlagsahne. In 4 Gläser abwechselnd Zitronensahne und Macaron-Bruch einschichten. Die Trifles am besten 1 Tag im Kühlschrank ziehen lassen.

TIPP
Es kommt immer wieder vor, dass ungefüllte Macaron-Böden zerbrechen oder einfach nicht ganz perfekt sind. Diese werfe ich nicht weg, sondern friere sie ein. Den Bruch taue ich im Kühlschrank auf und verwende ihn für Trifles.

Besonders fein finde ich auch eine Variante mit Bruch von Schokoladen-Macarons und aufgeschlagener Vanille-Ganache (siehe Rezept »Mille feuilles« Seite 94). Dazu schmecken frische, marinierte Erdbeeren!

Tarte au citron

für eine Tarteform mit einem Durchmesser von 28 cm

ZUTATEN

Mandelmürbeteig

175 g weiche Butter
2 Eigelb
90 g Puderzucker
125 g Weizenmehl Type 405
100 g fein gemahlene, blanchierte Mandelkerne
weiche Butter zum Einfetten der Tarteform
getrocknete Hülsenfrüchte (z.B. kleine Bohnenkerne, Erbsen oder Linsen) zum Blindbacken

Zitronencreme für eine klassische Tarte au citron (Variante 1)

fein geriebene Schale von 2 aromatischen Bio-Zitronen
150 ml frisch gepresster Zitronensaft (ca. 4 große, aromatische Bio-Zitronen)
3 Eier
150 g feiner Kristallzucker
15 g Maisstärke
250 g kalte Butter

MANDELMÜRBETEIG

Die weiche Butter, die Eigelbe und den Puderzucker mit dem Schneebesenaufsatz der Rührmaschine cremig aufschlagen. Das Weizenmehl und das Mandelmehl zugeben und mit dem Knethakenaufsatz einige Sekunden verrühren, bis sich ein Teigball gebildet hat. Den Mürbeteig keinesfalls zu lange kneten, dann in Frischhaltefolie wickeln und 30 Minuten in den Kühlschrank stellen.

Eine Tarteform mit weicher Butter einfetten und bemehlen.

Den Teig zwischen 2 Lagen Backpapier 0,5 cm dick auswellen. Das oben liegende Backpapier abziehen, die Teigplatte wenden und in die vorbereitete Tarteform legen. Das nun oben liegende Backpapier abziehen, den Mandelmürbeteig behutsam und nur leicht andrücken und die Ränder mit einem Messer abschneiden.

Die Tarteform für 1 Stunde in den Kühlschrank stellen.

Den Backofen rechtzeitig auf 180 °C (Ober-/Unterhitze) vorheizen.

1 großzügigen Backpapierkreis ausschneiden und mit kaltem Wasser einpinseln, sodass das Backpapier biegsam und geschmeidig wird. Die gekühlte Tarteform aus dem Kühlschrank nehmen und den Teigboden mit einer Gabel mehrmals einstechen. Den Teig mit dem befeuchteten Backpapierkreis bedecken und die Form bis zum Rand mit den getrockneten Hülsenfrüchten füllen. Diese »Blindfüllung« stabilisiert den Teigrand.

Den Tarteboden im auf 180 °C vorgeheizten Backofen (Ober-/Unterhitze) 20 Minuten blind backen. Dann die Hülsenfrüchte und das Backpapier entfernen und den Boden weitere 15–20 Minuten knusprig und goldbraun backen.

Den fertig gebackenen Tarteboden in der Form abkühlen lassen.

KLASSISCHE TARTE AU CITRON (VARIANTE 1)

Für die Zitronencreme die Schale von 2 Bio-Zitronen fein abreiben und in einen Topf geben. 150 ml Zitronensaft auspressen und dazugeben. Die Eier, den Kristallzucker und die Maisstärke hinzufügen und mit einem Schneebesen gut verrühren. Den Topf auf den Herd stellen und unter ständigem Rühren langsam erhitzen, bis die Masse andickt. Den Topf vom Herd nehmen, die Zitronencreme in eine Schüssel füllen und 10 Minuten ruhen lassen. Die kalte Butter in kleine Würfel schneiden und nach und nach in die warme Zitronencreme rühren, bis sich alles gut verbunden hat. Zum Schluss die Zitronencreme mit dem Schneebesen nochmals gut durchschlagen. Die Creme auf den fertig gebackenen Tarteboden geben und verstreichen.

Die Tarte au citron einige Stunden oder bis zum nächsten Tag in den Kühlschrank stellen. Dann aus der Form lösen und kalt servieren.

TARTE AU CITRON MIT MERINGUE (VARIANTE 2)

Für die Zitronencreme die Eier und den Kristallzucker in die Rührschüssel der Küchenmaschine geben und mit dem Schneebesenaufsatz schlagen, bis die Masse weiß wird. Dann die Maisstärke unterrühren. Die fein geriebene Schale von 2 Bio-Zitronen und den frisch gepressten Zitronensaft in einem Topf aufkochen. Die Eier weiterschlagen und den heißen Zitronensaft (während die Küchenmaschine läuft) in einem dünnen Strahl hineinlaufen lassen. Die Masse zurück in den Topf geben, auf den Herd stellen und unter ständigem Rühren langsam erhitzen, bis die Masse andickt. Den Topf vom Herd nehmen, die Zitronencreme in eine Schüssel füllen und 10 Minuten ruhen lassen. Die kalte Butter in kleine Würfel schneiden und nach und nach mit einem Schneebesen in die warme Zitronencreme rühren, bis sich alles gut verbunden hat.
Die Zitronencreme auf den fertig gebackenen Tarteboden geben und verstreichen. Die Tarte au citron einige Stunden oder bis zum nächsten Tag in den Kühlschrank stellen.

Tarte au citron

ZUTATEN

Tarte au citron mit Meringue (Variante 2)

ZITRONENCREME

3 Eier
150 g feiner Kristallzucker
15 g Maisstärke
fein geriebene Schale von
2 aromatischen Bio-Zitronen
150 ml frisch gepresster Zitronensaft (ca. 4 große, aromatische Bio-Zitronen)
250 g kalte Butter

MERINGUE

4 sehr frische Eiweiß
1 große Prise Salz
1 Spritzer frisch gepresster Zitronensaft
120 g feiner Kristallzucker
4 EL Wasser

Für die Meringue die Eiweiße mit 1 Prise Salz und 1 Spritzer Zitronensaft in die absolut fettfreie Rührschüssel der Küchenmaschine geben. Die Masse mit dem Schneebesenaufsatz bei niedriger Stufe langsam aufschlagen.
20 g Kristallzucker einrieseln lassen und bei niedriger Stufe weiterschlagen, bis ein fester, glänzender Eischnee entstanden ist. Das dauert ungefähr 45–60 Minuten.

Den restlichen Kristallzucker (100 g) und das Wasser in eine Stielkasserolle geben und bei mittlerer Wärmezufuhr erhitzen. Mit einem digitalen Zuckerthermometer die Temperatur des Sirups überwachen. Sobald der Zuckersirup eine Temperatur von 115 °C erreicht hat, den Topf sofort vom Herd nehmen. Die Küchenmaschine auf höchste Stufe schalten, dann den heißen Zuckersirup in einem dünnen Strahl in den Eischnee laufen lassen. Die Meringue-Masse so lange (ca. 15– 20 Minuten) auf höchster Stufe weiterschlagen, bis die Masse kalt ist.

Die kalt geschlagene Meringue-Masse in einen Kunststoffspritzbeutel mit glatter Tülle (6 mm) füllen.

Die Tarte au citron aus dem Kühlschrank nehmen, aus der Form lösen und auf eine Servierplatte setzen. Dann mit der Meringue-Masse beginnend vom Rand Tupfen mit langen Spitzen aufspritzen, diese sollen wie kleine Zipfelmützen aussehen.

Dann die Meringue-Tupfen mit einem leistungsstarken Flambiergerät oder Bunsenbrenner vorsichtig abflämmen, bis sich die Spitzen braun färben. Die Tarte au citron mit Meringue sofort servieren.

TIPP
Die Variante der Tarte au citron mit Meringue-Tupfen schmeckt am besten frisch. Man kann auch die Meringue-Masse schon ein paar Stunden vorher zubereiten, in einen Spritzbeutel füllen und kalt stellen. Kurz vor dem Servieren kleine Tupfen aufspritzen, abflämmen und sofort servieren.

Zitronenkuchen mit

ZUTATEN

Zitronenkonfit
4 mittelgroße, kernlose Bio-Zitronen
30 g Kristallzucker

Konfierte Zitronenscheiben
1 mittelgroße, kernlose Bio-Zitrone
30 g Kristallzucker
etwas Wasser

Zitronenkuchen
90 g Butter
5 Eier
150 g Crème fraîche
Zitronenkonfit (siehe Teilrezept »Zitronenkonfit«)
2 mittelgroße Bio-Zitronen
1 Prise Salz
½ TL Backpulver
250 g Weizenmehl, Type 405
weiche Butter und Weizenmehl für die Kastenform

Fertigstellen
250 g Puderzucker
Saft von 1–2 Zitronen
konfierte Zitronenscheiben (siehe Teilrezept »Konfierte Zitronenscheiben«)

ZITRONENKONFIT
3 Zitronen mit der Schale in ca. 0,5–1 cm große Würfel schneiden. Die Schale von der restlichen Zitrone fein abreiben und in einen Topf geben. Den Saft dieser abgeriebenen Zitrone auspressen und zu der Zitronenschale geben. Den Zucker zugeben, verrühren und aufkochen. Dann die Zitronenwürfel zugeben und einmal aufkochen lassen. Den Topf vom Herd nehmen und die Zitronenwürfel im Sud abkühlen lassen. Das Zitronenkonfit 1 Tag in den Kühlschrank stellen.

KONFIERTE ZITRONENSCHEIBEN
Die Zitrone mit der Schale in dünne Scheiben schneiden. Den Kristallzucker in einen Topf geben, mit etwas Wasser bedecken und aufkochen. Den Topf vom Herd nehmen und die Zitronenscheiben in den heißen Sirup legen. Alles zusammen abkühlen lassen und für 1 Tag in den Kühlschrank stellen.

ZITRONENKUCHEN
Die Butter, die Eier, die Crème fraîche und das Zitronenkonfit aus dem Kühlschrank nehmen und 1 Stunde temperieren lassen.

Den Backofen rechtzeitig auf 180°C (Ober-/Unterhitze) vorheizen. Eine Kastenform ausbuttern und bemehlen.

Die Butter, die aufgeschlagenen Eier und die Crème fraîche in die Rührschüssel geben. Die Schale der Zitronen fein abreiben, den Saft auspressen und beides in die Rührschüssel geben. Das Zitronenkonfit abseihen und den abtropfenden Saft auffangen. 2 EL Zitronenkonfit-Abtropfsaft und 1 Prise Salz zugeben. Alles zusammen aufschlagen bis eine sämige Masse entsteht. Das Backpulver und das Weizenmehl vermischen und kurz unter den Teig rühren. Zum Schluss die abgetropften Zitronenkonfit-Würfel unterheben.

Zitronenkonfit

Den Teig in die vorbereitete Kastenform füllen und im vorgeheizten Backofen 50 Minuten backen.

Den Kastenkuchen aus dem Backofen nehmen und noch heiß mit einem langen Holzstäbchen bis fast zum Boden einige Löcher einstechen. Den restlichen Zitronenkonfit-Abtropfsaft darüberträufeln und den Zitronenkuchen in der Form abkühlen lassen.

FERTIGSTELLEN

Den Zitronenkuchen aus der Kastenform stürzen und auf ein Kuchengitter setzen. Den Puderzucker mit etwas Zitronensaft zu einer zähflüssigen Glasur verrühren. Den abgekühlten Zitronenkuchen glacieren und mit den abgetropften konfierten Zitronenscheiben belegen.

TIPP

Es ist sehr wichtig, dass bei der Zubereitung des Rührteigs alle Zutaten Raumtemperatur haben.

Merci beaucoup!

WIE EIN NICHT SO WIRKLICH TALENTIERTER PATISSIER MEINEN WEG ZUR MACARONS-BÄCKERIN BEREITETE

Es war einer dieser Tage, an denen Stefan mal wieder die Lust auf etwas Süßes überfiel. Gerade, als wir in Paris vor einer Auslage mit kleinen, bunten Doppeldeckerkeksen standen, die Nelia mit Begeisterung erfüllten, die ich aber gar nicht kannte: "Mama! Oh, là, là! Da sind Macarons!!!"

Beim ersten Hineinbeißen gefiel mir, dass der Keks so knusprig war, aber der Geschmack überwältigte mich nicht gerade. Ich dachte, dass die Macarons interessant schmeckten, aber dass man sie bestimmt besser machen könnte ...

Ich gebe es zu: Hätte ich meine ersten Macarons bei Ladurè oder Pierre Hermè verkostet, wäre ich vielleicht nie auf die Idee gekommen, selbst Macarons zu backen. Wie auch? Ich war nie eine großartige Bäckerin gewesen. Kochen, ja, das tat ich leidenschaftlich. Aber backen? Viel zu kompliziert! Aber diese kleinen Kekse weckten meine Neugier und meinen Ehrgeiz. Und so begann ich, Macarons zu backen und hörte einfach nicht mehr auf. Und darum möchte ich mich herzlichst bei Stefan und Nelia bedanken, die mich verführten, Macarons zu probieren ... Aber mein größter Dank gilt jenem unbekannten Pariser Patissier, der keine wirklich großartigen Macarons backt. Wären seine Macarons richtig gut gewesen, wäre ich heute nicht Inhaberin einer Backstube und hätte nicht den Anspruch, immer neue Macarons mit neuen Aromen zu kreieren. Manchmal gelingt mir das und manchmal weniger, aber Spaß habe ich immer! Merci beaucoup!

Macarons
Schokolade
Kokosnuss
Genmaitcha
Chai latte
Caramel

Birnen-Macarons

ZUTATEN

Macaron-Böden

MERINGUE-MASSE

48 g Eiweiß (3 Tage im Voraus getrennt)
1 Prise Salz
133 g feiner Kristallzucker
30 g Wasser
1 kleine Prise grüne Lebensmittelfarbe (Pulver)

MANDEL-ZUCKER-MISCHUNG

133 g Puderzucker
133 g gemahlene, blanchierte Mandelkerne

MACARONAGE

48 g Eiweiß(3 Tage im Voraus getrennt)
Mandel-Zucker-Mischung (siehe oben)
Meringue-Masse (siehe oben)

Birnen-Ganache

150 g Birnenpüree, frisch passiert
7 g Akazienhonig
27 g Gelierzucker (2:1)
1,5 Blatt weiße Gelatine
1 Bio-Zitrone
14 g Butter
150 g sehr gute Milchschokolade (39 % Kakaoanteil, z.B. Orizaba von Valrhona)

MACARON-BÖDEN

Für die Macaron-Böden die Schritte 1–5 des Grundrezepts (»Macaron-Grundmasse«, siehe Seite 12–17) durchführen.

Die grüne Lebensmittelfarbe zu der kalt geschlagenen Meringue-Masse geben und gut unterrühren.

Dann die Schritte 6–15 des Grundrezepts durchführen.

Die abgekühlten Macaron-Böden bis zum Füllen bei Zimmertemperatur lagern.

BIRNEN-GANACHE

Das frisch passierte Birnenpüree in einen kleinen Topf geben. Den Akazienhonig und den Gelierzucker unterrühren. Die Gelatine mindestens 5 Minuten in kaltem Wasser einweichen. Die Schale der Bio-Zitrone fein abreiben und mit dem frisch gepressten Saft unter das Birnenpüree rühren. Die Butter zugeben und alles zusammen unter ständigem Rühren langsam zum Kochen bringen. Sobald das Birnenpüree gerade kocht (einmal aufblubbert), den Topf vom Herd nehmen und 2–3 Minuten stehen lassen. Die eingeweichte und gut ausgedrückte Gelatine zugeben und unter Rühren auflösen.

Währenddessen die Milchschokolade hacken und in eine Metallschüssel geben. Diese auf ein heißes, aber nicht kochendes Wasserbad setzen. Dabei darf der Schüsselboden das Wasser nicht berühren. Die Schokolade behutsam schmelzen, dann die Metallschüssel vom Wasserbad nehmen.

⅓ des heißen Birnenpürees auf die flüssige Schokolade gießen, mit einem Gummispatel von innen nach außen verrühren, bis eine Emulsion entsteht. Sollte die Masse aussehen, als wäre sie geronnen, kräftig weiterrühren, bis sie sich wieder verbindet. Wieder ⅓ des heißen Birnenpürees zugeben. Alles erneut von innen nach außen verrühren, bis eine homogene Masse entsteht. Dann das restliche Birnenpüree unterrühren und emulgieren.

Die Emulsion mit einem Stabmixer pürieren, bis eine glatte, glänzende Ganache entstanden ist. Die Schüssel in den Kühlschrank stellen und die Birnen-Ganache zugedeckt 1 Tag ruhen lassen.

Die Birnen-Ganache aus dem Kühlschrank nehmen und ca. 1 Stunde auf Zimmertemperatur temperieren lassen.

Die Macaron-Böden auf einem Backblech abwechselnd mit der Oberseite nach oben und nach unten anordnen. Die Birnen-Ganache in einen Einwegspritzbeutel mit glatter Tülle (13 mm) füllen und auf die Hälfte der Macaron-Böden spritzen. Die ungefüllten Macaron-Böden behutsam daraufsetzen und andrücken, damit sich die Füllung bis zum Rand verteilt.

Die Birnen-Macarons offen im Kühlschrank mindestens 2 Stunden kühlen.

TIPP

Ich verwende für meine Birnen-Macarons aromatische Birnen vom Markt. Wichtig ist, dass sie reif und saftig sind. Ich schäle sie, entferne das Kerngehäuse und püriere sie roh. Dann streiche ich das Birnenpüree durch ein feines Sieb und verarbeite es sofort weiter, sonst wird es braun.

Pistazien-Macarons

ZUTATEN

Macaron-Böden

MERINGUE-MASSE
48 g Eiweiß (3 Tage im Voraus getrennt)
1 Prise Salz
133 g feiner Kristallzucker
30 g Wasser
1 Prise braune Lebensmittelfarbe (Pulver)
1 Msp. grüne Lebensmittelfarbe (Pulver)

MANDEL-ZUCKER-MISCHUNG
133 g Puderzucker
123 g gemahlene, blanchierte Mandelkerne
10 g ganze, geschälte grüne Pistazienkerne

MACARONAGE
48 g Eiweiß (3 Tage im Voraus getrennt)
Mandel-Zucker-Mischung (siehe oben)
Meringue-Masse (siehe oben)

Pistazien-Ganache

50 g ganze, geschälte grüne Pistazienkerne
3–4 Tropfen Pistazienöl
1 Tropfen Bittermandelöl
150 g sehr gute weiße Schokolade (z.B. Opalys von Valrhona)
150 g Sahne
1 EL Butter
1 EL Akazienhonig

MACARON-BÖDEN

Für die Macaron-Böden die Schritte 1–5 des Grundrezepts (»Macaron-Grundmasse«, siehe Seite 12–17) durchführen.

Die braune und die grüne Lebensmittelfarbe zu der kalt geschlagenen Meringue-Masse geben und gut unterrühren.

Bei Schritt 6 die grünen Pistazienkerne mit einem Messer grob hacken und mitmixen. Dann die Schritte 7–15 nach Grundrezept durchführen.

Die abgekühlten Macaron-Böden bis zum Füllen bei Zimmertemperatur lagern.

PISTAZIEN-GANACHE

Den Backofen rechtzeitig auf 180°C (Umluft) vorheizen. Die ganzen grünen Pistazienkerne auf einem Blech verteilen und im Backofen 10 Minuten rösten. Dann abkühlen lassen und im Blitzhacker zu einer feinen Paste mixen. 3–4 Tropfen Pistazienöl und 1 Tropfen Bittermandelöl zugeben und nochmals gut durchmixen. Die Pistazienpaste durch ein feines Sieb streichen.

Die weiße Schokolade hacken und in eine Metallschüssel geben. Diese auf ein heißes, aber nicht kochendes Wasserbad setzen. Dabei darf der Schüsselboden das Wasser nicht berühren. Die weiße Schokolade behutsam schmelzen.

Die Sahne in einem Topf erhitzen, aber nicht kochen lassen. Die Pistazienpaste, die Butter und den Akazienhonig zugeben und unter ständigem Rühren auflösen.

⅓ der heißen Pistaziensahne auf die geschmolzene Schokolade gießen, mit einem Gummispatel von innen nach außen verrühren, bis eine Emulsion entsteht. Wieder ⅓ der heißen Pistaziensahne zugeben. Alles erneut von innen nach außen verrühren, bis eine homogene Masse entsteht. Dann die restliche Pistaziensahne unterrühren und emulgieren.

Die Emulsion mit einem Stabmixer pürieren, bis eine glänzende Ganache entstanden ist. Die Schüssel in den Kühlschrank stellen und die Pistazien-Ganache zugedeckt 1 Tag ruhen lassen.

Die Pistazien-Ganache aus dem Kühlschrank nehmen und ca. 1 Stunde auf Zimmertemperatur temperieren lassen.

Die Macaron-Böden auf einem Backblech abwechselnd mit der Oberseite nach oben und nach unten anordnen. Die Pistazien-Ganache in einen Einwegspritzbeutel mit glatter Tülle (13 mm) füllen und auf die Hälfte der Macaron-Böden spritzen. Die ungefüllten Macaron-Böden behutsam daraufsetzen und andrücken, damit sich die Füllung bis zum Rand verteilt.

Die Pistazien-Macarons offen im Kühlschrank mindestens 2 Stunden kühlen.

TIPP

Es ist sehr wichtig, dass die gerösteten Pistazien vor dem Mixen vollständig abgekühlt sind. Anschließend werden sie dann zu einer Paste gemixt, das ist Gefühlssache. Auf keinen Fall darf die Masse zu heiß werden, sollte dieser Fall eintreten, den Blitzhacker abschalten und einige Minuten warten. Dann weitermixen, bis eine feine Pistazienpaste entstanden ist. Die Zugabe von ein paar Tropfen Pistazienöl hilft, um die Pistazienkerne schneller zu einer Paste zu vermahlen. Es darf allerdings nicht gleich am Anfang zugegeben werden.

Die Pistazien-Ganache schmeckt auch wunderbar mit einem Hauch Whisky. Dazu die erhitzte Sahne einfach mit 1 TL gutem Whisky aromatisieren.

Genmaicha-Macarons

ZUTATEN

Macaron-Böden

MERINGUE-MASSE

48 g Eiweiß (3 Tage im Voraus getrennt)
1 Prise Salz
133 g feiner Kristallzucker
30 g Wasser
1 Msp. japanisches Matcha-Teepulver
1 EL schwarze Sesamsamen (nach Belieben)

MANDEL-ZUCKER-MISCHUNG

133 g Puderzucker
133 g gemahlene, blanchierte Mandelkerne

MACARONAGE

48 g Eiweiß (3 Tage im Voraus getrennt)
Mandel-Zucker-Mischung (siehe oben)
Meringue-Masse (siehe oben)

Genmaicha-Ganache

150 g Sahne
5 g Genmaicha (japanische Grünteezubereitung)
1 EL Butter
1 EL Akazienhonig
150 g sehr gute weiße Schokolade (z.B. Opalys von Valrhona)

MACARON-BÖDEN

Für die Macaron-Böden die Schritte 1–5 des Grundrezepts (»Macaron-Grundmasse«, siehe Seite 12–17) durchführen.

Das Matcha-Teepulver und die ganzen schwarzen Sesamsamen zu der kalt geschlagenen Meringue-Masse geben und gut unterrühren.

Dann die Schritte 6–15 nach Grundrezept durchführen.

Die abgekühlten Macaron-Böden bis zum Füllen bei Zimmertemperatur lagern.

GENMAICHA-GANACHE

Die Sahne in einen Topf geben und aufkochen. Den Genmaicha in die heiße Sahne geben. Den Topf vom Herd nehmen und die Genmaicha-Sahne zugedeckt 4 Minuten ziehen lassen.

Währenddessen die weiße Schokolade hacken und in eine Metallschüssel geben. Diese auf ein heißes, aber nicht kochendes Wasserbad setzen. Dabei darf der Schüsselboden das Wasser nicht berühren. Die Schokolade behutsam schmelzen, dann die Metallschüssel vom Wasserbad nehmen.

Die Genmaicha-Sahne durch ein feines Sieb gießen und mit der Butter und dem Akazienhonig verrühren.

⅓ der heißen Genmaicha-Sahne auf die flüssige Schokolade gießen, mit einem Gummispatel von innen nach außen verrühren, bis eine Emulsion entsteht. Sollte die Masse aussehen, als wäre sie geronnen, kräftig weiterrühren, bis sie sich wieder verbindet. Wieder ⅓ der heißen Genmaicha-Sahne zugeben. Alles erneut von innen nach außen verrühren, bis eine homogene Masse entsteht. Dann die restliche Genmaicha-Sahne unterrühren und emulgieren.

Die Emulsion mit einem Stabmixer pürieren, bis eine glatte, glänzende Ganache entstanden ist. Die Schüssel in den Kühlschrank stellen und die Genmaicha-Ganache zugedeckt 1 Tag ruhen lassen.

Die Genmaicha-Ganache aus dem Kühlschrank nehmen und ca. 1 Stunde auf Raumtemperatur temperieren lassen.

Die Macaron-Böden auf einem Backblech abwechselnd mit der Oberseite nach oben und nach unten anordnen. Die Genmaicha-Ganache in einen Einwegspritzbeutel mit glatter Tülle (13 mm) füllen und auf die Hälfte der Macaron-Böden spritzen. Die ungefüllten Macaron-Böden behutsam daraufsetzen und andrücken, damit sich die Füllung bis zum Rand verteilt.

Die Genmaicha-Macarons offen im Kühlschrank mindestens 2 Stunden kühlen.

TIPP
Genmaicha ist eine japanische Grünteezubereitung aus Bancha-Teeblättern und gerösteten und teilweise gepoppten braunen Reiskörnern. Der Tee erhält dadurch ein leicht malziges Röstaroma.

Genmaicha Cheesecake

für eine Springform (24 cm Durchmesser)

ZUTATEN

Boden

1 Packung Butterkekse (200 g)
125 g Butter
2 EL Genmaicha (geröstete japanische Grünteemischung)
weiche Butter und Weizenmehl für die Springform

Quarkcreme

500 g Quark (20 % Fett)
200 g saure Sahne
150 g Kristallzucker
1 EL flüssiger Vanilleextrakt
2 EL Weizenmehl, Type 405
2 Eier

Sahneguss

500 g Sahne
2 EL Genmaicha (geröstete japanische Grünteemischung)
2 EL Kristallzucker

TIPP
Genmaicha ist eine japanische Grüntee-zubereitung aus Bancha-Teeblättern und gerösteten, teilweise gepoppten braunen Reiskörnern. Der Tee erhält dadurch ein leicht malziges Röstaroma und verleiht dem Kuchen »das gewisse Etwas«.
Bitte den Kuchen in der Springform abkühlen lassen und dann in den Kühlschrank stellen. Der warme Cheesecake ist wie Wackelpudding, er muss erst einige Zeit ruhen, sonst zerbricht er. Bitte erst am nächsten Tag aus der Form lösen, anschneiden und genießen.

BODEN

Die Butterkekse mit den Händen grob zerbrechen und in einen Gefrierbeutel füllen, dann mit einem Plattiereisen zu Bröseln zerstampfen. Die Butterkeksbrösel in eine Schüssel füllen. Die Butter in einem kleinen Topf zerlassen – sie sollte einmal aufschäumen, aber keinesfalls braun werden. Den Topf vom Herd nehmen. In die heiße Butter den Genmaicha geben. Die Teeblätter 4 Minuten ziehen lassen, dann die aromatisierte Butter durch ein feines Sieb gießen und noch warm mit den Butterkeksbröseln vermengen.

Eine Springform (24 cm Durchmesser) ausbuttern und bemehlen. Die Butterkeksmischung auf dem Boden der Springform verteilen und gut festdrücken.

Den Backofen rechtzeitig auf 180 °C (Umluft) vorheizen.

QUARKCREME

Den Quark, die saure Sahne, den Kristallzucker, den Vanilleextrakt, das Weizenmehl und die aufgeschlagenen Eier in eine Schüssel geben und mit dem Handrührgerät 2 Minuten verrühren.

Die Quarkcreme auf den ungebackenen Butterkeksboden gießen und glatt streichen.

Den Kuchen im auf 180 °C vorgeheizten Backofen (Umluft) 30 Minuten backen.

SAHNEGUSS

Gegen Ende der Backzeit die Sahne in einen Topf geben und erhitzen, aber nicht kochen lassen. Den Kristallzucker und den Genmaicha zugeben und zugedeckt 4 Minuten ziehen lassen. Die Genmaicha-Sahne durch ein feines Sieb passieren.

Den Kuchen aus dem Backofen nehmen und sofort mit der heißen Genmaicha-Sahne übergießen. Dann zurück in den Backofen stellen und weitere 10 Minuten backen.

Den fertigen Genmaicha Cheesecake aus dem Backofen nehmen, in der Springform abkühlen lassen und anschließend in den Kühlschrank stellen.

Am nächsten Tag vorsichtig aus der Form lösen und genießen.

Incroyable!

MACARONS PRÊT-À-MANGER

Ich bekomme oft E-Mails mit der Bitte, ob ich Macarons kostenlos zur Verfügung stellen kann – für irgendein Event oder eine Werbeveranstaltung. Meistens sind diese Mails harmlos und meine Antworten sind dementsprechend höflich. Eine Anfrage fand ich allerdings ganz schön dreist: "Hallo! Wir sind ein kleines Modelabel, das bald sehr erfolgreich sein wird. Zur Eröffnung unserer Schneiderei offerieren wir Ihnen die Möglichkeit, für sich kostenlos PR in unseren Räumen zu machen. Es werden ca. 500 Gäste erwartet.

Wir rechnen, dass jeder Gast drei Macarons essen wird. Wir bitten um kostenlose Lieferung von 1500 Macarons am 23. März. Achtung: Lieferung nicht später als 15:00 Uhr. P.S.: Könnten Sie einen Mitarbeiter zum Servieren abstellen? Er kann die Macarons an die Gäste verteilen. Mit freundlichem Gruß"

Inspiriert von einem kleinen Artikel, den ich in einer Zeitung gelesen hatte, antwortete ich Folgendes: "Hallo! Vielen Dank für Ihre Mail. Es trifft sich sehr gut – auch wir sind eine kleine Manufaktur, die allerdings bereits erfolgreich ist. Ich offeriere Ihnen im Gegenzug die Möglichkeit, für sich kostenlos PR in unseren Räumen zu machen. Da ich dringend eine neue Garderobe benötige, kann ich mir gut vorstellen, Ihre Mode während meiner Arbeit als kostenlose PR zu tragen. Ich rechne, dass ich an durchschnittlich 200 Tagen im Laden bin. Ich bitte um kostenlose Lieferung von 200 modischen Teilen. Achtung: Nur der letzte Schrei. P.S.: Meine Mitarbeiterinnen könnten auch etwas Neues gebrauchen. Mit freundlichem Gruß Arielle Artsztein."

Ich bekam nie eine Antwort!

Himbeer-Macarons

ZUTATEN

Macaron-Böden

MERINGUE-MASSE

48 g Eiweiß (3 Tage im Voraus getrennt)
1 Prise Salz
133 g feiner Kristallzucker
30 g Wasser
1 Prise rote Lebensmittelfarbe (Pulver)

MANDEL-ZUCKER-MISCHUNG

133 g Puderzucker
133 g gemahlene, blanchierte Mandelkerne
½ TL Bio-Limettenschale, am Vortag gerieben

MACARONAGE

48 g Eiweiß (3 Tage im Voraus getrennt)
Mandel-Zucker-Mischung (siehe oben)
Meringue-Masse (siehe oben)

Himbeer-Ganache

150 g Himbeerpüree, frisch passiert
7 g Akazienhonig
27 g Gelierzucker (2:1)
1,5 Blatt weiße Gelatine
½ Bio-Zitrone
14 g Butter
150 g sehr gute weiße Schokolade (z.B. Ivoire von Valrhona)

MACARON-BÖDEN

Für die Macaron-Böden die Schritte 1–5 des Grundrezepts (»Macaron-Grundmasse«, siehe Seite 12–17) durchführen.

Die rote Lebensmittelfarbe zu der kalt geschlagenen Meringue-Masse geben und gut unterrühren.

Bei Schritt 6 die am Vortag geriebene und somit getrocknete Limettenschale mit der Mandel-Zucker-Mischung mixen. Dann die Schritte 7–15 nach Grundrezept durchführen.

Die abgekühlten Macaron-Böden bis zum Füllen bei Raumtemperatur lagern.

HIMBEER-GANACHE

Das frisch passierte Himbeerpüree in einen kleinen Topf geben, den Akazienhonig und den Gelierzucker unterrühren. Die Blattgelatine mindestens 5 Minuten in kaltem Wasser einweichen. Die Schale der Bio-Zitrone fein abreiben und mit dem frisch gepressten Saft unter das Himbeerpüree rühren. Die Butter zugeben und alles zusammen unter ständigem Rühren langsam zum Kochen bringen. Sobald das Himbeerpüree gerade kocht (einmal aufblubbert), den Topf vom Herd nehmen und 2–3 Minuten ruhen lassen. Die eingeweichte und gut ausgedrückte Gelatine zugeben und unter Rühren auflösen.

Währenddessen die weiße Schokolade hacken und in eine Metallschüssel geben. Diese auf ein heißes, aber nicht kochendes Wasserbad setzen. Dabei darf der Schüsselboden das Wasser nicht berühren. Die Schokolade behutsam schmelzen, dann die Metallschüssel vom Wasserbad nehmen.

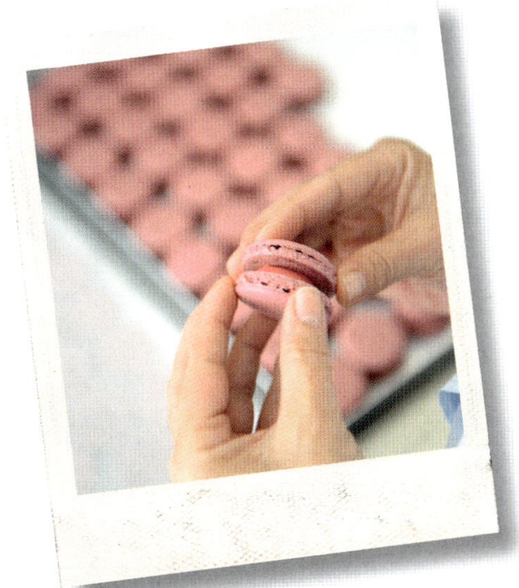

⅓ des heißen Himbeerpürees auf die flüssige Schokolade gießen, mit einem Gummispatel von innen nach außen verrühren, bis eine Emulsion entsteht. Sollte die Masse aussehen, als wäre sie geronnen, kräftig weiterrühren, bis sie sich wieder verbindet. Wieder ⅓ des heißen Himbeerpürees zugeben. Alles erneut von innen nach außen verrühren, bis eine homogene Masse entsteht. Dann das restliche Himbeerpüree unterrühren und emulgieren.

Die Emulsion mit einem Stabmixer pürieren, bis eine glatte, glänzende Ganache entstanden ist. Die Schüssel in den Kühlschrank stellen und die Himbeer-Ganache zugedeckt 1 Tag ruhen lassen.

Die Himbeer-Ganache aus dem Kühlschrank nehmen und ca. 1 Stunde auf Zimmertemperatur temperieren lassen.

Die Macaron-Böden auf einem Backblech abwechselnd mit der Oberseite nach oben und nach unten anordnen. Die Himbeer-Ganache in einen Einwegspritzbeutel mit glatter Tülle (13 mm) füllen und auf die Hälfte der Macaron-Böden spritzen. Die ungefüllten Macaron-Böden behutsam daraufsetzen und andrücken, damit sich die Füllung bis zum Rand verteilt.

Die Himbeer-Macarons offen im Kühlschrank mindestens 2 Stunden kühlen.

TIPP

Ich verwende für meine Himbeer-Macarons frische, aromatische Himbeeren vom Markt. Ich verlese die Himbeeren und püriere sie nur kurz, dann streiche ich sie durch ein feines Sieb und verarbeite das Fruchtpüree sofort zu der Himbeer-Ganache weiter.

Kirsch-Macarons

ZUTATEN

Macaron-Böden

MERINGUE-MASSE

48 g Eiweiß (3 Tage im Voraus getrennt)
1 Prise Salz
133 g feiner Kristallzucker
30 g Wasser
1 Msp. blaue Lebensmittelfarbe (Pulver)

MANDEL-ZUCKER-MISCHUNG

133 g Puderzucker
133 g gemahlene, blanchierte Mandelkerne

MACARONAGE

48 g Eiweiß (3 Tage im Voraus getrennt)
Mandel-Zucker-Mischung (siehe oben)
Meringue-Masse (siehe oben)

Kirsch-Ganache

150 g Süßkirschenpüree, frisch passiert
7 g Akazienhonig
27 g Gelierzucker (2:1)
1,5 Blatt weiße Gelatine
½ Bio-Zitrone
14 g Butter
150 g sehr gute weiße Schokolade (z.B. Ivoire von Valrhona)

MACARON-BÖDEN

Für die Macaron-Böden die Schritte 1–5 des Grundrezepts (»Macaron-Grundmasse«, siehe Seite 12–17) durchführen.

Die blaue Lebensmittelfarbe zu der kalt geschlagenen Meringue-Masse geben und gut unterrühren.

Dann die Schritte 6–15 nach Grundrezept durchführen.

Die abgekühlten Macaron-Böden bis zum Füllen bei Zimmertemperatur lagern.

KIRSCH-GANACHE

Das frisch passierte Kirschpüree in einen kleinen Topf geben, den Akazienhonig und den Gelierzucker unterrühren. Die Blattgelatine mindestens 5 Minuten in kaltem Wasser einweichen. Die Schale der Bio-Zitrone fein abreiben und mit dem frisch gepressten Saft unter das Kirschpüree rühren. Die Butter zugeben und alles zusammen unter ständigem Rühren langsam zum Kochen bringen. Sobald das Kirschpüree gerade kocht (einmal aufblubbert), den Topf vom Herd nehmen und 2–3 Minuten ruhen lassen. Die eingeweichte und gut ausgedrückte Gelatine zugeben und unter Rühren auflösen.

Währenddessen die weiße Schokolade hacken und in eine Metallschüssel geben. Diese auf ein heißes, aber nicht kochendes Wasserbad setzen. Dabei darf der Schüsselboden das Wasser nicht berühren. Die Schokolade behutsam schmelzen, dann die Metallschüssel vom Wasserbad nehmen.

⅓ des heißen Kirschpürees auf die flüssige Schokolade gießen, mit einem Gummispatel von innen nach außen verrühren, bis eine Emulsion entsteht. Sollte die Masse aussehen, als wäre sie geronnen, kräftig weiterrühren, bis sie sich wieder verbindet. Wieder ⅓ des heißen Kirschpürees zugeben. Alles erneut von innen nach außen verrühren, bis eine homogene Masse entsteht. Dann das restliche Kirschpüree unterrühren und emulgieren.

Die Emulsion mit einem Stabmixer so lange pürieren, bis eine glatte, glänzende Ganache entstanden ist. Die Schüssel in den Kühlschrank stellen und die Kirsch-Ganache zugedeckt 1 Tag ruhen lassen.

Die Kirsch-Ganache aus dem Kühlschrank nehmen und ca. 1 Stunde auf Raumtemperatur temperieren lassen.

Die Macaron-Böden auf einem Backblech abwechselnd mit der Oberseite nach oben und nach unten anordnen. Die Kirsch-Ganache in einen Einwegspritzbeutel mit glatter Tülle (13 mm) füllen und auf die Hälfte der Macaron-Böden spritzen. Die ungefüllten Macaron-Böden behutsam daraufsetzen und andrücken, damit sich die Füllung bis zum Rand verteilt.

Die Kirsch-Macarons offen im Kühlschrank mindestens 2 Stunden kühlen.

TIPP

Es ist wirklich sehr wichtig, gute Süßkirschen zu verwenden. Sie müssen reif, saftig, süß und von der Sonne verwöhnt sein. Ich entsteine die Kirschen, püriere sie sehr fein und streiche das Kirschpüree durch ein feines Sieb. Das passierte Kirschpüree sofort weiterverarbeiten, sonst wird es braun.

Cassis-Macarons

ZUTATEN

Macaron-Böden

MERINGUE-MASSE
48 g Eiweiß (3 Tage im Voraus getrennt)
1 Prise Salz
133 g feiner Kristallzucker
30 g Wasser
1 Msp. violette Lebensmittelfarbe (Pulver)

MANDEL-ZUCKER-MISCHUNG
133 g Puderzucker
133 g gemahlene, blanchierte Mandelkerne

MACARONAGE
48 g Eiweiß (3 Tage im Voraus getrennt)
Mandel-Zucker-Mischung (siehe oben)
Meringue-Masse (siehe oben)

Cassis-Ganache

150 g Cassispüree, frisch passiert
7 g Akazienhonig
27 g Gelierzucker (2:1)
1,5 Blatt weiße Gelatine
½ Bio-Zitrone
14 g Butter
150 g sehr gute dunkle Schokolade (66 % Kakaoanteil, z.B. Caraïbe von Valrhona)

MACARON-BÖDEN

Für die Macaron-Böden die Schritte 1–5 des Grundrezepts (»Macaron-Grundmasse«, siehe Seite 12–17) durchführen.

Die violette Lebensmittelfarbe zu der kalt geschlagenen Meringue-Masse geben und gut unterrühren.

Dann die Schritte 6–15 nach Grundrezept durchführen.

Die abgekühlten Macaron-Böden bis zum Füllen bei Zimmertemperatur lagern.

CASSIS-GANACHE

Das frisch passierte Cassispüree in einen kleinen Topf geben, den Akazienhonig und den Gelierzucker unterrühren. Die Blattgelatine mindestens 5 Minuten in kaltem Wasser einweichen. Die Schale der Bio-Zitrone fein abreiben und mit dem frisch gepressten Saft unter das Cassispüree rühren. Die Butter zugeben und alles zusammen unter ständigem Rühren langsam zum Kochen bringen. Sobald das Cassispüree gerade kocht (einmal aufblubbert), den Topf vom Herd nehmen und 2–3 Minuten ruhen lassen. Die eingeweichte und gut ausgedrückte Gelatine zugeben und unter Rühren auflösen.

Währenddessen die dunkle Schokolade hacken und in eine Metallschüssel geben. Diese auf ein heißes, aber nicht kochendes Wasserbad setzen. Dabei darf der Schüsselboden das Wasser nicht berühren. Die Schokolade behutsam schmelzen, dann die Metallschüssel vom Wasserbad nehmen.

⅓ des heißen Cassispürees auf die flüssige Schokolade gießen, mit einem Gummispatel von innen nach außen verrühren, bis eine Emulsion entsteht. Sollte die Masse aussehen, als wäre sie geronnen, kräftig weiterrühren, bis sie sich wieder verbindet. Wieder ⅓ des heißen Cassispürees zugeben.

Alles erneut von innen nach außen verrühren, bis eine homogene Masse entsteht. Dann das restliche Cassispüree unterrühren und emulgieren.

Die Emulsion mit einem Stabmixer pürieren, bis eine glatte, glänzende Ganache entstanden ist. Die Schüssel in den Kühlschrank stellen und die Cassis-Ganache zugedeckt 1 Tag ruhen lassen.

Die Cassis-Ganache aus dem Kühlschrank nehmen und ca. 1 Stunde auf Zimmertemperatur temperieren lassen.

Die Macaron-Böden auf einem Backblech abwechselnd mit der Oberseite nach oben und nach unten anordnen. Die Cassis-Ganache in einen Einwegspritzbeutel mit glatter Tülle (13 mm) füllen und auf die Hälfte der Macaron-Böden spritzen. Die ungefüllten Macaron-Böden behutsam daraufsetzen und andrücken, damit sich die Füllung bis zum Rand verteilt.

Die Cassis-Macarons offen im Kühlschrank mindestens 2 Stunden kühlen.

TIPP

Ich verwende für meine Frucht-Macarons ausschließlich frische, aromatische Früchte, je nachdem was es momentan auf dem Markt gibt und mich inspiriert. Ich verlese die Früchte und püriere sie roh, dann streiche ich sie durch ein feines Sieb und verarbeite das Fruchtpüree sofort zu einer Ganache weiter.

Mille feuilles

ZUTATEN

Vanillecreme
75 g sehr gute weiße Schokolade (z.B. Opalys von Valrhona)
150 ml Sahne
1 Vanilleschote

Teigblätter
3 Lagen Blätterteig (à 75 g, TK-Produkt)
1 Eigelb, mit etwas Wasser verquirlt
4–5 EL brauner Rohrzucker

Himbeerglasur
50 g frische Himbeeren
Saft von 1 Zitrone
reichlich Puderzucker zum Süßen
4 knusprige Teigblätter (siehe Teilrezept »Teigblätter«)

Fertigstellen
gut gekühlte Vanillecreme (siehe Teilrezept »Vanillecreme«)
200–250 g frische Himbeeren
8 knusprige Teigblätter (siehe Teilrezept »Teigblätter«)
4 Teigblätter mit Himbeerglasur (siehe Teilrezept »Himbeerglasur«)

VANILLECREME

Die Schokolade hacken und in eine Rührschüssel geben.

Die Sahne in einem Topf erhitzen. Die Vanilleschote längs mit einem spitzen Messer aufschlitzen, das Mark herauskratzen und beides in die heiße Sahne geben. Sobald die Sahne fast zu kochen beginnt, den Topf vom Herd nehmen und die Vanillesahne zugedeckt 30 Minuten ziehen lassen. Dann die Vanilleschote herausnehmen. Die Vanillesahne erneut erhitzen, aber nicht kochen lassen.

⅓ der heißen Vanillesahne auf die gehackte Schokolade gießen, mit einem Gummispatel von innen nach außen verrühren, bis sich die Schokolade aufgelöst hat und eine Emulsion entsteht. Wieder ⅓ der heißen Vanillesahne zugeben. Alles erneut von innen nach außen verrühren, bis sich alles verbunden hat. Dann die restliche Vanillesahne unterrühren und emulgieren.

Die Rührschüssel in den Kühlschrank stellen und die Vanillecreme zugedeckt 1 Tag ruhen lassen.

TEIGBLÄTTER

Den Backofen rechtzeitig auf 180°C (Umluft) vorheizen.

Den Blätterteig auftauen lassen, dann jede Lage in 4 Rechtecke mit den Maßen ca. 10 x 5 cm schneiden. (Den Blätterteig vorher nicht auswellen.) Ein Backblech mit Backpapier bedecken und die Blätterteigrechtecke mit etwas Abstand darauflegen. Die Blätterteigrechtecke mit verquirltem Eigelb bestreichen und mit etwas braunen Rohrzucker bestreuen. Darauf eine weitere Lage Backpapier legen und mit einem zweiten Backblech beschweren. Das Ganze in den Backofen schieben und ca. 25 Minuten knusprig backen. Die Teigblätter mit beiden Backpapieren vom Blech ziehen und zwischen den Backpapieren abkühlen lassen. Dann das oben liegende Backpapier abziehen.

HIMBEERGLASUR

Die Himbeeren verlesen und zusammen mit dem frischen Zitronensaft pürieren. Das Himbeerpüree durch ein feines Sieb streichen. Dieses Himbeerpüree mit reichlich Puderzucker verrühren, bis eine glatte, sämige Glasur entsteht. 4 knusprige Teigblätter auf ein Kuchengitter legen, mit der Himbeerglasur bestreichen und 15–20 Minuten ruhen lassen.

FERTIGSTELLEN

Die gut gekühlte Vanillecreme aus dem Kühlschrank nehmen und mit den Rührbesen des Handrührgeräts zu einer cremigen Vanillesahne aufschlagen. Das dauert etwas länger als bei normaler Schlagsahne. Die aufgeschlagene Vanillecreme in einen Einwegspritzbeutel mit glatter Tülle (8 mm) füllen.

Die Himbeeren verlesen und beiseitestellen.

4 flache Teller vorbereiten und mittig je 1–2 Tupfen Vanillecreme spritzen, dann mit je 1 knusprigen Teigblatt belegen. Darauf gleichmäßig kleine Tupfen Vanillecreme spritzen und mit je 1 weiteren knusprigen Teigblatt belegen. Darauf eng aneinander frische Himbeeren setzen und mit je 1 Teigblatt mit Himbeerglasur bedecken.

TIPP

Ich fülle die Vanillemasse immer sofort in dieselbe Rührschüssel, in der ich am nächsten Tag die Vanillesahne aufschlage. Es ist wichtig, dass die Vanillemasse absolut kalt aufgeschlagen wird. Ein späteres Umfüllen in die Rührschüssel ist nicht empfehlenswert.

Die »Mille feuilles« schmecken frisch am besten.

Hochzeitstorte

COUNTDOWN

4 Tage vor der Hochzeit

Tortenboden
900 ml Vollmilch
40 g Butter
1,5 Bund frischer Zitronenthymian
8 Eier
640 g Kristallzucker
680 g Weizenmehl, Type 405
2 Päckchen Backpulver
weiche Butter und Weizenmehl für die Springformen (20 cm & 30 cm Durchmesser)

Vanille-Ganache
225 g sehr gute weiße Schokolade (z-B. Opalys von Valrhona)
375 g Sahne
2 Vanilleschoten
30 g Butter
30 g Akazienhonig

Passionsfrucht-Ganache
150 g Passionsfruchtpüree, frisch passiert (ohne Kerne)
7 g Akazienhonig
27 g Gelierzucker (2:1)
1,5 Blatt weiße Gelatine
1 Bio-Zitrone
14 g Butter
150 g sehr gute weiße Schokolade (z.B. Ivoire von Valrhona)

Die Herstellung der Hochzeittorte ist durch die verschiedenen Arbeitsschritte sehr zeitaufwendig. Mit der Zubereitung bitte schon 4 Tage vor dem Servieren beginnen.

TORTENBODEN

Die Vollmilch und die Butter in einen Topf geben. Die Blättchen von den Zitronenthymianzweigen abzupfen und zugeben. Alles zusammen erhitzen, aber nicht kochen lassen. Den Topf vom Herd nehmen und die Thymianmilch zugedeckt 30 Minuten ziehen lassen. Dann durch ein feines Sieb passieren und abkühlen lassen.

Den Backofen rechtzeitig auf 180°C (Umluft) vorheizen.

2 Springformen (20 cm & 30 cm Durchmesser) mit weicher Butter einfetten und bemehlen.

Die Eier und den Kristallzucker in die Rührschüssel der Küchenmaschine geben und mit dem Schneebesenaufsatz aufschlagen, bis die Masse weißlich wird und sich ihr Volumen mindestens verdoppelt hat.

Das Weizenmehl und das Backpulver vermischen. Die Rührschüssel aus der Küchenmaschine nehmen, das Mehlgemisch portionsweise über die Eiermasse sieben und mit dem Schneebesen behutsam unterheben.

Dann die abgekühlte Thymianmilch portionsweise zugeben und mit dem Schneebesen unterrühren, bis ein glatter Teig entsteht.

Den Teig in die vorbereiteten Springformen füllen und im auf 180°C vorgeheizten Backofen (Umluft) backen. Der kleine Tortenboden braucht ca. 40 Minuten, der große Tortenboden ca. 45 Minuten. Garprobe: Ein Holzstäbchen gerade und mittig in den Kuchen stechen und langsam wieder herausziehen. Bleibt kein Teig daran kleben, so ist der Kuchen gar.

Die Tortenböden auf ein Kuchengitter stellen und in der Form vollständig abkühlen lassen.

VANILLE-GANACHE

Die weiße Schokolade hacken und in eine Rührschüssel geben.

Die Sahne in einem Topf erhitzen. Die Vanilleschoten längs mit einem spitzen Messer aufschlitzen, das Mark herauskratzen und beides in die heiße Sahne geben. Sobald die Sahne fast zu kochen beginnt, den Topf vom Herd nehmen und die Vanillesahne zugedeckt 20 Minuten ziehen lassen. Dann die Vanilleschote herausnehmen und mit den Händen fest ausdrücken. Die Vanillesahne erneut leicht erhitzen, die Butter und den Honig unterrühren und auflösen.

⅓ der heißen Vanillesahne auf die gehackte Schokolade gießen, mit einem Gummispatel von innen nach außen verrühren, bis sich die Schokolade aufgelöst hat und eine Emulsion entsteht. Sollte die Masse aussehen, als wäre sie geronnen, kräftig weiterrühren, bis sie sich wieder verbindet. Wieder ⅓ der heißen Vanillesahne zugeben. Alles erneut von innen nach außen verrühren, bis eine homogene Masse entsteht. Dann die restliche Vanillesahne unterrühren und emulgieren.

Die Vanilleemulsion pürieren. Die Rührschüssel in den Kühlschrank stellen und die Vanilleemulsion zugedeckt 1 Tag ruhen lassen.

PASSIONSFRUCHTGANACHE

Das frisch passierte Passionsfruchtpüree in einen kleinen Topf geben, den Akazienhonig und den Gelierzucker unterrühren. Die Blattgelatine mindestens 5 Minuten in kaltem Wasser einweichen. Die Schale der Bio-Zitrone fein abreiben und mit dem frisch gepressten Saft unter das Passionsfruchtpüree rühren. Die Butter zugeben und alles zusammen unter ständigem Rühren langsam zum Kochen bringen. Sobald das Passionsfruchtpüree gerade kocht (einmal aufblubbert), den Topf vom Herd nehmen und 2–3 Minuten ruhen lassen. Die eingeweichte und gut ausgedrückte Gelatine zugeben und unter Rühren auflösen.

Währenddessen die weiße Schokolade hacken und in eine Metallschüssel geben. Diese auf ein heißes, aber nicht kochendes Wasserbad setzen. Dabei darf der Schüsselboden das Wasser nicht berühren. Die Schokolade behutsam schmelzen, dann die Metallschüssel vom Wasserbad nehmen.

⅓ des heißen Passionsfruchtpürees auf die flüssige Schokolade gießen, mit einem Gummispatel von innen nach außen verrühren, bis eine Emulsion entsteht. Sollte die Masse aussehen, als wäre sie geronnen, kräftig weiterrühren, bis sie sich wieder verbindet. Wieder ⅓ des heißen Passionsfruchtpürees zugeben. Alles erneut von innen nach außen verrühren, bis eine homogene Masse entsteht. Dann das restliche Passionsfruchtpüree unterrühren und emulgieren.

Die Emulsion mit einem Stabmixer pürieren, bis eine glatte, glänzende Ganache entstanden ist. Die Schüssel in den Kühlschrank stellen und die Passionsfrucht-Ganache zugedeckt 1 Tag ruhen lassen.

Hochzeitstorte

COUNTDOWN

3 Tage vor der Hochzeit

Zusammensetzen der Tortenböden

1 Tortenboden (30 cm, siehe Teilrezept »Tortenboden«)
1 Tortenboden (20 cm, siehe Teilrezept »Tortenboden«)
Passionsfruchtganache (siehe Teilrezept »Passionsfrucht-ganache«)
Vanilleemulsion zum Aufschlagen (siehe Teilrezept »Vanilleganache«)

ZUSAMMENSETZEN DER TORTENBÖDEN

Die Passionsfrucht-Ganache aus dem Kühlschrank nehmen und ca. 1 Stunde auf Zimmertemperatur temperieren lassen, dann in einen Einwegspritzbeutel mit glatter Tülle (13 mm) füllen.

Die gut gekühlte Vanilleemulsion aus dem Kühlschrank nehmen und sofort mit den Rührbesen des Handrührgeräts zu einer cremigen Vanille-Ganache aufschlagen. Das dauert etwas länger als bei normaler Schlagsahne. Die aufgeschlagene Vanille-Ganache in einen Einwegspritzbeutel mit glatter Tülle (13 mm) füllen und kalt stellen.

Die Tortenböden werden jeweils identisch gefüllt: Jeden Tortenboden 2-mal quer durchschneiden. Die untere Tortenbodenschicht auf je 1 rundes Kuchenblech legen. Dann auf die erste Tortenbodenschicht kleine Tupfen Passionsfruchtganache spritzen, mit einer Kuchenpalette etwas glätten und darauf die zweite Tortenbodenschicht legen. Auf die zweite Tortenbodenschicht beginnend vom Tortenrand eine große Spirale Vanilleganache spritzen und mit der dritten Tortenbodenschicht bedecken.

Die gefüllten Torten zusammen mit dem Kuchenblech rundherum in Frischhaltefolie wickeln und 1 Tag in das Tiefkühlfach stellen.

COUNTDOWN

2 Tage vor der Hochzeit

Buttercreme

4 sehr frische Eiweiße
1 Prise Salz
450 g Kristallzucker
150 ml Wasser
900 g wachsweiche Butter
1 Tortendummy (Styroporkegel, ca. 20 cm hoch)

BUTTERCREME

Die Eiweiße und 1 Prise Salz in die Metallrührschüssel der Küchenmaschine geben. Diese auf ein heißes, aber nicht kochendes Wasserbad setzen. Dabei darf der Schüsselboden das Wasser nicht berühren. Die Eiweiße mit dem Handrührgerät aufschlagen, bis die Masse weiß und fast steif wird. Die Rührschüssel in die Küchenmaschine setzen und den Eischnee mit dem Schneebesenaufsatz bei niedriger Stufe weiterschlagen.

Den Kristallzucker und das Wasser in eine Stielkasserolle geben und bei mittlerer Wärmezufuhr erhitzen. Mit einem digitalen Zuckerthermometer die Temperatur des Sirups überwachen. Sobald der Zuckersirup eine Temperatur von 115 °C erreicht hat, den Topf sofort vom Herd nehmen. Die Küchenmaschine auf höchste Stufe schalten, dann den heißen Zuckersirup in einem dünnen Strahl in den Eischnee laufen lassen. Die Meringue-Masse so lange (ca. 15–20 Minuten) auf höchster Stufe weiterschlagen, bis die Masse kalt ist.

Die Küchenmaschine auf niedrigste Stufe schalten. Dann portionsweise die wachsweiche Butter zugeben und unterrühren, bis eine gebundene Masse entsteht.

Die gefrorenen, gefüllten Tortenböden aus dem Tiefkühlfach nehmen und von der Frischhaltefolie befreien.

Die Torten und den Tortendummy rundherum mit der Buttercreme bestreichen und mit einer Kuchenpalette glätten. Die Torten 1 Tag in den Kühlschrank stellen und langsam auftauen lassen. Den Tortendummy ebenfalls in den Kühlschrank stellen.

Hochzeitstorte

COUNTDOWN

1 Tag vor der Hochzeit

Fondantüberzug
2 kg guter perlweißer Konditorfondant
nach Bedarf etwas Puderzucker zum Ausrollen

FONDANTÜBERZUG

Den Fondant in 3 Teile schneiden. Für die 30-cm-Torte werden ungefähr 1,1 kg Fondant, für die 20-cm-Torte ungefähr 0,7 kg Fondant und für den Tortendummy ungefähr 0,2 kg Fondant benötigt. Die Torten nacheinander mit Fondant überziehen.

Dazu den Fondant mit den Händen kneten, bis er geschmeidig wird. Den restlichen Fondant bis zur Weiterverwendung luftdicht in einen Gefrierbeutel verpacken. Dann den Fondant mit einem glatten, langen Ausrollstab zu einer runden Platte mit einem Durchmesser von 0,5 cm ausrollen. Sollte der Fondant an der Arbeitsplatte kleben, als Hilfsmittel etwas Puderzucker ausstreuen. Die Fondantplatte sollte für die 30-cm-Torte mindestens einen Durchmesser von 55–60 cm und für die 20-cm-Torte mindestens einen Durchmesser von 45–50 cm haben.

Die Torte aus dem Kühlschrank nehmen und am besten auf ein großes, rundes, drehbares Holzbrett setzen. Die Fondantplatte vorsichtig mit Hilfe des Ausrollstabes aufnehmen und mittig über die Torte legen.

Den Fondant an der Tortenoberseite mit Hilfe eines Kunststoffglätters glatt streichen. Dann den Fondant an den Seiten mit einer Hand anheben und mit der anderen Hand von oben sanft herunterstreichen. Die Torte immer leicht drehen und den Fondant stufenweise von oben nach unten anlegen. Dabei wird der Fondant gedehnt und passt sich so faltenfrei an die Rundung der Torte an. Die unteren Fondantränder dicht an die Torte schieben und mit einem spitzen Messer rundherum abschneiden. Dann die Torte mit einem Kunststoffglätter rundherum an den Seiten glätten.

Zum Schluss den Tortendummy rundherum mit Fondant überziehen. Die Unterseite ebenfalls überziehen, sodass kein Styropor mehr zu sehen ist.

Die mit Fondant überzogenen Torten und den Tortendummy bis zum nächsten Tag in den Kühlschrank stellen.

COUNTDOWN

Kurz vor der Hochzeit

Hochzeitstorte fertigstellen

100 g flüssige, sehr gute weiße Schokolade (z.B. Ivoire von Valrhona)
20 gefüllte Rosen-Macarons (siehe Rezept Seite 24)
20 gefüllte Cassis-Macarons (siehe Rezept Seite 90)
nach Belieben einige Fondant-Rosen
1 langes Holzstäbchen zum Befestigen des Tortendummys
Holzstäbchen zum Befestigen der Macarons
2 m Satinband

HOCHZEITSTORTE FERTIGSTELLEN

Den Tortendummy rundherum mit kleinen Holzstäbchen bestücken, diese dienen als Befestigung für die Macarons.

Die 30-cm-Torte auf eine große Tortenplatte setzen. Darauf mittig die 20-cm-Torte setzen. Ein langes Holzstäbchen mittig in die Unterseite des Tortendummys stecken, dann 1 EL flüssige Schokolade mittig auf die 20-cm-Torte geben und den Tortendummy daraufstecken.

Jeweils den unteren Rand des Tortendummys und der 20-cm-Torte mit Satinband umbinden.

Dann die Torten mit einigen Macarons schmücken, dazu etwas flüssige Schokolade auf je 1 Macaron geben und behutsam an die Torte kleben.

Die Hochzeitstorte nach Belieben zusätzlich mit einigen Fondant-Rosen schmücken.

Zum Schluss behutsam einige Macarons in die Holzstäbchen des Tortendummys stecken, dazu wird zum Befestigen keine Schokolade benötigt.

Ein Traum von Vanille

"THE VANILLA MAN"

Beim ersten Mal kam er in meinen Laden und kaufte sich eine kleine Auswahl verschiedener Macarons. Beim zweiten Mal holte er sich nur noch Vanille-Macarons. Seither sagt er immer, wenn er zu mir in den Laden kommt: "Hallo, ich bin es, The Vanilla Man". Meistens kauft er alle Vanille-Macarons, die ich dahabe. Sonst nichts. Dabei erklärt er mir die Welt der Vanille, mal ihre Herkunft, mal dass Tahiti-Vanille die teuerste und feinste ist, mal, dass Madagaskar-Vanille intensiver im Aroma ist ... Mal erzählt er etwas über die Herstellung – die Schoten sind die Samenkapseln einer Orchidee, die nach dem Pflücken erst blanchiert und dann für Wochen feucht-heiß gelagert werden, um zu fermentieren. Lachend sagte er einmal, welche "Ironie des Geschmacks" es sei: "Je verdorbener, umso besser!" Ich glaube er meinte die Vanille, zumindest habe ich ihn so verstanden ...

Eines steht fest: Ohne Vanille wäre das Leben düsterer. Ihr verführerischer Duft und ihr unbeschreiblicher, unnachahmlicher Geschmack sind einfach einmalig. Wenn ich Vanille-Macarons backe, freuen sich die Nachbarn in der Wohnung über meinem Laden. An Vanille-Backtagen kommen sie zu mir und sagen, dass allein der Duft ihnen Lust macht, mal wieder selbst zu backen. Ich verwende fast immer und überall Vanille, entweder die Schoten oder als Extrakt. Man denke nur an Erdbeeren, die leider selten den perfekten Geschmack haben. Wenn man ein Drittel der Erdbeeren püriert, mit den Zesten und dem Saft einer Limette und ein paar Tropfen Vanilleextrakt abschmeckt und damit die restlichen Erdbeeren mariniert, hat man perfekte Erdbeeren, die man wunderbar weiterverarbeiten kann.

Es ist nicht einfach, gute Vanilleschoten zu finden. In gut sortierten Bio-Läden hat man die beste Chance. Vanilleschoten müssen glänzen und saftig aussehen. Vergessen Sie die harten dürren Dinger im Reagenzglas, die taugen nichts und schmecken nicht.

Da ich größere Mengen der Schoten kaufe, friere ich sie ein, und wenn ich merke, dass sie auszutrocknen beginnen (ich meine nur leicht antrocknen und nicht dass sie hart wie Stein werden), stelle ich sie für ein paar Sekunden in die Mikrowelle. Dann lässt sich das Mark der Schoten leichter herauskratzen.

Vanille ist teuer, aber man darf sie nicht sparsam verwenden.

Aber auf keinen Fall darf man die leeren Schoten wegwerfen! Gewaschen und getrocknet kann man sie mit Zucker vermengen und hat so tollen Vanillezucker. Oder noch besser: Pürieren Sie die leeren Schoten mit einem exzellenten Whisky, bis eine sämige Paste entsteht. Verwenden Sie die Paste zu Ihren Desserts! Schmeckt göttlich!

Ich habe sehr lange nach guter Vanille gesucht, fündig wurde ich bei einer deutsch-madagassischen Familie, die Vanille online verkauft. Ich male mir ihre Familiengeschichte so aus: Ein junger deutscher Mann verliebt sich in ein junges madagassisches Mädchen, dessen Familie eine Vanilleplantage besitzt. Der Junge heiratet das Mädchen. Da er einen Sinn fürs Geschäft besitzt, verwandelt er die Plantage in eine Bio-Plantage und das ist der Anfang einer florierenden Import-Export-Firma für Vanilleschoten der absoluten Extraklasse. Ich habe sie nie gefragt, ob meine Fantasiegeschichte stimmt ... Das möchte ich auch gar nicht, denn in dieser kalten "Cyber-Welt" bewahre ich mir gerne ein bisschen Märchenwelt, wenn ich meine Vanilleschoten bestelle ...

Mandel-Macarons

ZUTATEN

Macaron-Böden

MERINGUE-MASSE
48 g Eiweiß (3 Tage im Voraus getrennt)
1 Prise Salz
133 g feiner Kristallzucker
30 g Wasser
1 Msp. braune Lebensmittelfarbe (Pulver); nach Belieben

MANDEL-ZUCKER-MISCHUNG
133 g Puderzucker
123 g gemahlene, blanchierte Mandelkerne
10 g gemahlene, ungeschälte Mandelkerne

MACARONAGE
48 g Eiweiß (3 Tage im Voraus getrennt)
Mandel-Zucker-Mischung (siehe oben)
Meringue-Masse (siehe oben)

Mandel-Ganache

50 g ganze, blanchierte Mandelkerne
1 Tropfen Bittermandelöl
150 g sehr gute weiße Schokolade (z.B. Opalys von Valrhona)
1 EL Akazienhonig
200 g Sahne
25 g Honigmarzipan

MACARON-BÖDEN

Für die Macaron-Böden die Schritte 1–5 des Grundrezepts (»Macaron-Grundmasse«, siehe Seite 12–17) durchführen.

Die braune Lebensmittelfarbe zu der kalt geschlagenen Meringue-Masse geben und gut unterrühren.

Bei Schritt 6 die gemahlenen, ungeschälten Mandelkerne mitmixen. Dann die Schritte 7–15 nach Grundrezept durchführen.

Die abgekühlten Macaron-Böden bis zum Füllen bei Raumtemperatur lagern.

MANDEL-GANACHE

Den Backofen rechtzeitig auf 180°C (Umluft) vorheizen. Die ganzen, blanchierten Mandelkerne auf einem Blech verteilen und im Backofen 15 Minuten rösten. Dann abkühlen lassen und im Blitzhacker zu einer feinen Paste mixen. 1 Tropfen Bittermandelöl zugeben und nochmals gut durchmixen. Die Mandelpaste beiseitestellen.

Die weiße Schokolade hacken und in eine Metallschüssel geben. Diese auf ein heißes, aber nicht kochendes Wasserbad setzen. Dabei darf der Schüsselboden das Wasser nicht berühren. Den Honig zugeben und alles zusammen behutsam schmelzen.

Die Sahne in einem Topf erhitzen, das Honigmarzipan klein schneiden und in der heißen Sahne auflösen. Die Mandelpaste unterrühren.

⅓ der heißen Mandelsahne auf die geschmolzene Schokolade gießen, mit einem Gummispatel von innen nach außen verrühren, bis eine Emulsion entsteht. Wieder ⅓ der heißen Mandelsahne zugeben. Alles erneut von innen nach außen verrühren, bis eine homogene Masse entsteht. Dann die restliche Mandelsahne unterrühren und emulgieren.

Die Emulsion mit einem Stabmixer pürieren, bis eine glänzende Ganache entstanden ist. Die Schüssel in den Kühlschrank stellen und die Mandel-Ganache zugedeckt 1 Tag ruhen lassen.

Die Mandel-Ganache aus dem Kühlschrank nehmen und ca. 1 Stunde auf Raumtemperatur temperieren lassen.

Die Macaron-Böden auf einem Backblech abwechselnd mit der Oberseite nach oben und nach unten anordnen. Die Mandel-Ganache in einen Einwegspritzbeutel mit glatter Tülle (13 mm) füllen und auf die Hälfte der Macaron-Böden spritzen. Die ungefüllten Macaron-Böden behutsam daraufsetzen und andrücken, damit sich die Füllung bis zum Rand verteilt.

Die Mandel-Macarons offen im Kühlschrank mindestens 2 Stunden kühlen.

Haselnuss-Macarons

ZUTATEN

Macaron-Böden

MERINGUE-MASSE
48 g Eiweiß (3 Tage im Voraus getrennt)
1 Prise Salz
133 g feiner Kristallzucker
30 g Wasser
1 Prise braune Lebensmittelfarbe (Pulver); nach Belieben

MANDEL-ZUCKER-MISCHUNG
133 g Puderzucker
123 g gemahlene, blanchierte Mandelkerne
10 g ganze, geschälte Haselnusskerne (mit Haut)

MACARONAGE
48 g Eiweiß (3 Tage im Voraus getrennt)
Mandel-Zucker-Mischung (siehe oben)
Meringue-Masse (siehe oben)

Haselnuss-Ganache

50 g ganze, geschälte Haselnusskerne (mit Haut)
3–4 Tropfen Haselnussöl
1 Tropfen Bittermandelöl
150 g sehr gute weiße Schokolade (z.B. Opalys von Valrhona)
150 g Sahne
1 EL Butter
1 EL Akazienhonig

MACARON-BÖDEN

Für die Macaron-Böden die Schritte 1–5 des Grundrezepts (»Macaron-Grundmasse«, siehe Seite 12–17) durchführen.

Die braune Lebensmittelfarbe zu der kalt geschlagenen Meringue-Masse geben und gut unterrühren.

Bei Schritt 6 die Haselnusskerne mit einem Messer grob hacken und mitmixen. Dann die Schritte 7–15 nach Grundrezept durchführen.

Die abgekühlten Macaron-Böden bis zum Füllen bei Zimmertemperatur lagern.

HASELNUSS-GANACHE

Den Backofen rechtzeitig auf 180 °C (Umluft) vorheizen. Die ganzen Haselnusskerne auf einem Blech verteilen und im Backofen 15–20 Minuten rösten. Dann abkühlen lassen und im Blitzhacker zu einer feinen Paste mixen. 3–4 Tropfen Haselnussöl und 1 Tropfen Bittermandelöl zugeben und nochmals gut durchmixen. Die Haselnusspaste durch ein feines Sieb streichen.

Die weiße Schokolade hacken und in eine Metallschüssel geben. Diese auf ein heißes, aber nicht kochendes Wasserbad setzen. Dabei darf der Schüsselboden das Wasser nicht berühren. Die weiße Schokolade behutsam schmelzen.

Die Sahne in einem Topf erhitzen, aber nicht kochen lassen. Die Haselnusspaste, die Butter und den Akazienhonig zugeben und unter ständigem Rühren auflösen.

⅓ der heißen Haselnusssahne auf die geschmolzene Schokolade gießen, mit einem Gummispatel von innen nach außen verrühren, bis eine Emulsion entsteht. Wieder ⅓ der heißen Haselnusssahne zugeben. Alles erneut von innen nach außen verrühren, bis eine homogene Masse entsteht. Dann die restliche Haselnusssahne unterrühren und emulgieren.

Die Emulsion mit einem Stabmixer pürieren, bis eine glänzende Ganache entstanden ist. Die Schüssel in den Kühlschrank stellen und die Haselnuss-Ganache zugedeckt 1 Tag ruhen lassen.

Die Haselnuss-Ganache aus dem Kühlschrank nehmen und ca. 1 Stunde auf Raumtemperatur temperieren lassen.

Die Macaron-Böden auf einem Backblech abwechselnd mit der Oberseite nach oben und nach unten anordnen. Die Haselnuss-Ganache in einen Einwegspritzbeutel mit glatter Tülle (13 mm) füllen und auf die Hälfte der Macaron-Böden spritzen. Die ungefüllten Macaron-Böden behutsam daraufsetzen und andrücken, damit sich die Füllung bis zum Rand verteilt.

Die Haselnuss-Macarons offen im Kühlschrank mindestens 2 Stunden kühlen.

TIPP

Es ist sehr wichtig, dass die gerösteten Haselnusskerne vor dem Mixen vollständig abgekühlt sind. Anschließend werden sie zu einer Paste gemixt, dafür muss man ein Gespür entwickeln. Auf keinen Fall darf die Masse zu heiß werden, sollte dieser Fall eintreten, den Blitzhacker abschalten und einige Minuten warten. Dann weitermixen, bis eine feine Paste entstanden ist. Die Zugabe von ein paar Tropfen Haselnussöl hilft, um die Haselnusskerne schneller zu einer Paste zu vermahlen. Es darf allerdings nicht gleich am Anfang zugegeben werden.

Die Haselnuss-Ganache kann man wunderbar aromatisieren. Dazu einfach 1 TL des Aromas zu der heißen Sahne geben. Gut eignen sich brauner Rum, Calvados, Baileys oder auch Eierlikör.

Café-Macarons

ZUTATEN

Macaron-Böden

MERINGUE-MASSE
48 g Eiweiß (3 Tage im Voraus getrennt)
1 Prise Salz
133 g feiner Kristallzucker
30 g Wasser
1 Prise braune Lebensmittelfarbe (Pulver)

MANDEL-ZUCKER-MISCHUNG
133 g Puderzucker
133 g gemahlene, blanchierte Mandelkerne
½ TL lösliches Instant-Kaffeepulver

MACARONAGE
48 g Eiweiß (3 Tage im Voraus getrennt)
Mandel-Zucker-Mischung (siehe oben)
Meringue-Masse (siehe oben)

Kaffee-Ganache

150 g sehr gute weiße Schokolade (z.B. Opalys von Valrhona)
150 g Sahne
5 g lösliches Instant-Kaffeepulver
1 EL Butter
1 EL Akazienhonig

MACARON-BÖDEN

Für die Macaron-Böden die Schritte 1–5 des Grundrezepts (»Macaron-Grundmasse«, siehe Seite 12–17) durchführen.

Die braune Lebensmittelfarbe zu der kalt geschlagenen Meringue-Masse geben und gut unterrühren.

Bei Schritt 6 das lösliche Kaffeepulver mit der Mandel-Zucker-Mischung mixen. Dann die Schritte 7–15 nach Grundrezept durchführen.

Die abgekühlten Macaron-Böden bis zum Füllen bei Zimmertemperatur lagern.

KAFFEE-GANACHE

Die weiße Schokolade hacken und in eine Metallschüssel geben, diese auf ein heißes, aber nicht kochendes Wasserbad setzen. Dabei darf der Schüsselboden das Wasser nicht berühren. Die Schokolade behutsam schmelzen, dann die Metallschüssel vom Wasserbad nehmen.

Die Sahne in einen Topf geben und aufkochen. Das lösliche Kaffeepulver unterrühren und auflösen, dann die Butter und den Akazienhonig unterrühren.

⅓ der heißen Kaffee-Sahne auf die flüssige Schokolade gießen, mit einem Gummispatel von innen nach außen verrühren, bis eine Emulsion entsteht. Sollte die Masse aussehen, als wäre sie geronnen, kräftig weiterrühren, bis sie sich wieder verbindet. Wieder ⅓ der heißen Kaffee-Sahne zugeben. Alles erneut von innen nach außen verrühren, bis eine homogene Masse entsteht. Dann die restliche Kaffee-Sahne unterrühren und emulgieren.

Die Emulsion mit einem Stabmixer pürieren, bis eine glatte, glänzende Ganache entstanden ist. Die Schüssel in den Kühlschrank stellen und die Kaffee-Ganache zugedeckt 1 Tag ruhen lassen.

Die Kaffee-Ganache aus dem Kühlschrank nehmen und ca. 1 Stunde auf Zimmertemperatur temperieren lassen.

Die Macaron-Böden auf einem Backblech abwechselnd mit der Oberseite nach oben und nach unten anordnen. Die Kaffee-Ganache in einen Einwegspritzbeutel mit glatter Tülle (13 mm) füllen und auf die Hälfte der Macaron-Böden spritzen. Die ungefüllten Macaron-Böden behutsam daraufsetzen und andrücken, damit sich die Füllung bis zum Rand verteilt.

Die Kaffee-Macarons offen im Kühlschrank mindestens 2 Stunden kühlen.

Kastanien-Macarons

ZUTATEN

Macaron-Böden

MERINGUE-MASSE
48 g Eiweiß (3 Tage im Voraus getrennt)
1 Prise Salz
133 g feiner Kristallzucker
30 g Wasser
1 Prise braune Lebensmittelfarbe (Pulver)

MANDEL-ZUCKER-MISCHUNG
133 g Puderzucker
123 g gemahlene, blanchierte Mandelkerne
10 g Esskastanienmehl

MACARONAGE
48 g Eiweiß (3 Tage im Voraus getrennt)
Mandel-Zucker-Mischung (siehe oben)
Meringue-Masse (siehe oben)

Kastanien-Ganache

30 g Kristallzucker
1 EL Wasser
75 g vorgegarte Esskastanien (aus dem Glas oder vakuumiert)
125 g Sahne
75 g sehr gute weiße Schokolade (z.B. Opalys von Valrhona)

MACARON-BÖDEN

Für die Macaron-Böden die Schritte 1–5 des Grundrezepts (»Macaron-Grundmasse«, siehe Seite 12–17) durchführen.

Die braune Lebensmittelfarbe zu der kalt geschlagenen Meringue-Masse geben und gut unterrühren.

Bei Schritt 6 das Esskastanienmehl mit der Mandel-Puderzucker-Mischung mixen. Dann die Schritte 7–15 nach Grundrezept durchführen.

Die abgekühlten Macaron-Böden bis zum Füllen bei Raumtemperatur lagern.

KASTANIEN-GANACHE

Den Kristallzucker und das Wasser in eine Stielkasserolle geben und zu einem hellen Karamell kochen. Die vorgegarten Esskastanien zugeben und verrühren, bis sie vollständig mit Karamell überzogen sind. Die karamellisierten Esskastanien sofort mit der flüssigen Sahne ablöschen und alles einmal aufkochen lassen. Den Topf vom Herd nehmen und 3–4 Minuten ruhen lassen. Die weiße Schokolade hacken und in eine Metallschüssel geben. Diese auf ein heißes, aber nicht kochendes Wasserbad setzen. Dabei darf der Schüsselboden das Wasser nicht berühren. Die weiße Schokolade behutsam schmelzen.

Die Esskastanien zusammen mit der Sahne in einen Mixbecher geben und mit einem Stabmixer fein pürieren. Das warme Esskastanienpüree auf die geschmolzene Schokolade gießen, mit einem Gummispatel von innen nach außen verrühren, bis eine Emulsion entsteht.

Die Emulsion mit einem Stabmixer pürieren, bis eine glänzende Ganache entstanden ist. Die Schüssel in den Kühlschrank stellen und die Kastanien-Ganache zugedeckt 1 Tag ruhen lassen.

Die Kastanien-Ganache aus dem Kühlschrank nehmen und ca. 1 Stunde auf Raumtemperatur temperieren lassen.

Die Macaron-Böden auf einem Backblech abwechselnd mit der Oberseite nach oben und nach unten anordnen. Die Kastanien-Ganache in einen Einweg-spritzbeutel mit glatter Tülle (13 mm) füllen und auf die Hälfte der Macaron-Böden spritzen. Die ungefüllten Macaron-Böden behutsam daraufsetzen und andrücken, damit sich die Füllung bis zum Rand verteilt.

Die Kastanien-Macarons offen im Kühlschrank mindestens 2 Stunden kühlen.

TIPP

Für die Ganache verwende ich bereits vorgegarte Esskastanien aus dem Glas oder vakuumierte Esskastanien – den Aufwand, die Esskastanien selber zu garen und zu schälen, spare ich mir.

Karamellisierte Bratapfel-Macarons

ZUTATEN

Macaron-Böden

MERINGUE-MASSE
48 g Eiweiß (3 Tage im Voraus getrennt)
1 Prise Salz
133 g feiner Kristallzucker
30 g Wasser
1 Prise braune Lebensmittelfarbe (Pulver)

MANDEL-ZUCKER-MISCHUNG
133 g Puderzucker
133 g gemahlene, blanchierte Mandelkerne

MACARONAGE
48 g Eiweiß (3 Tage im Voraus getrennt)
Mandel-Zucker-Mischung (siehe oben)
Meringue-Masse (siehe oben)

Bratapfel-Ganache

3 große säuerliche Winteräpfel (Sorte Boskoop)
1 EL feiner Kristallzucker, mit echter Vanille aromatisiert
1,5 Blatt weiße Gelatine
7 g Akazienhonig
27 g Gelierzucker (2:1)
½ Bio-Zitrone
14 g Butter
150 g sehr gute Karamell-Milchschokolade (36 % Kakaoanteil, z.B. Caramelia von Valrhona)

MACARON-BÖDEN

Für die Macaron-Böden die Schritte 1–5 des Grundrezepts (»Macaron-Grundmasse«, siehe Seite 12–17) durchführen.

Die braune Lebensmittelfarbe zu der kalt geschlagenen Meringue-Masse geben und gut unterrühren.

Dann die Schritte 6–15 nach Grundrezept durchführen.

Die abgekühlten Macaron-Böden bis zum Füllen bei Zimmertemperatur lagern.

BRATAPFEL-GANACHE

Den Backofen rechtzeitig auf 180°C (Umluft) vorheizen.

Die Äpfel waschen, trocken tupfen und mit Hilfe eines Fruchtentkerners die Stiele und das Kerngehäuse ausstechen. Die Äpfel in eine kleine Auflaufform setzen und in die Öffnungen Vanillezucker streuen. Die Äpfel im auf 180°C vorgeheizten Backofen (Umluft) so lange backen, bis sie weich sind. Das dauert je nach Größe der Äpfel mindestens 25–45 Minuten. Die Form aus dem Backofen nehmen und die Äpfel vollständig abkühlen lassen. Dann das weiche Fruchtfleisch aus den Schalen herauslöffeln, mit dem Stabmixer pürieren und durch ein feines Sieb streichen.

Die Blattgelatine mindestens 5 Minuten in kaltem Wasser einweichen.

150 g Bratapfelpüree in einen kleinen Topf geben, den Akazienhonig und den Gelierzucker unterrühren. Die Schale der Bio-Zitrone fein abreiben und mit dem frisch gepressten Saft unter das Bratapfelpüree rühren. Die Butter zugeben und alles zusammen unter ständigem Rühren langsam zum Kochen bringen. Sobald das Bratapfelpüree gerade kocht (einmal aufblubbert), den Topf vom Herd nehmen und 2–3 Minuten ruhen lassen. Die eingeweichte und gut ausgedrückte Gelatine zugeben und unter Rühren auflösen.

Währenddessen die Karamell-Milchschokolade hacken und in eine Metallschüssel geben. Diese auf ein heißes, aber nicht kochendes Wasserbad setzen. Dabei darf der Schüsselboden das Wasser nicht berühren. Die Schokolade behutsam schmelzen, dann die Metallschüssel vom Wasserbad nehmen.

⅓ des heißen Bratapfelpürees auf die flüssige Schokolade gießen, mit einem Gummispatel von innen nach außen verrühren, bis eine Emulsion entsteht. Sollte die Masse aussehen, als wäre sie geronnen, kräftig weiterrühren, bis sie sich wieder verbindet. Wieder ⅓ des heißen Bratapfelpürees zugeben. Alles erneut von innen nach außen verrühren, bis eine homogene Masse entsteht. Dann das restliche Bratapfelpüree unterrühren und emulgieren.

Die Emulsion mit einem Stabmixer pürieren, bis eine glatte, glänzende Ganache entstanden ist. Die Schüssel in den Kühlschrank stellen und die Bratapfel-Ganache zugedeckt 1 Tag ruhen lassen.

Die Bratapfel-Ganache aus dem Kühlschrank nehmen und ca. 1 Stunde auf Raumtemperatur temperieren lassen.

Die Macaron-Böden auf einem Backblech abwechselnd mit der Oberseite nach oben und nach unten anordnen. Die Bratapfel-Ganache in einen Einwegspritzbeutel mit glatter Tülle (13 mm) füllen und auf die Hälfte der Macaron-Böden spritzen. Die ungefüllten Macaron-Böden behutsam daraufsetzen und andrücken, damit sich die Füllung bis zum Rand verteilt.

Die Bratapfel-Macarons offen im Kühlschrank mindestens 2 Stunden kühlen.

Schokoladen-Macarons

ZUTATEN

Macaron-Böden

MERINGUE-MASSE
48 g Eiweiß (3 Tage im Voraus getrennt)
1 Prise Salz
133 g feiner Kristallzucker
30 g Wasser
1 Msp. braune Lebensmittelfarbe (Pulver)

MANDEL-ZUCKER-MISCHUNG
133 g Puderzucker
133 g gemahlene, blanchierte Mandelkerne
½ TL sehr gutes Kakaopulver

MACARONAGE
48 g Eiweiß (3 Tage im Voraus getrennt)
Mandel-Zucker-Mischung (siehe oben)
Meringue-Masse (siehe oben)

Schokoladen-Ganache

150 g Sahne
5 g flüssiger Vanilleextrakt
1 EL Butter
1 EL Akazienhonig
150 g sehr gute dunkle Schokolade (66 % Kakaoanteil, z.B. Caraïbe von Valrhona)

MACARON-BÖDEN

Für die Macaron-Böden die Schritte 1–5 des Grundrezepts (»Macaron-Grundmasse«, siehe Seite 12–17) durchführen.

Die braune Lebensmittelfarbe zu der kalt geschlagenen Meringue-Masse geben und gut unterrühren.

Bei Schritt 6 das Kakaopulver mit der Mandel-Zucker-Mischung mixen. Dann die Schritte 7–15 nach Grundrezept durchführen.

Die abgekühlten Macaron-Böden bis zum Füllen bei Zimmertemperatur lagern.

SCHOKOLADEN-GANACHE

Die Sahne in einen Topf geben und aufkochen. Den Vanilleextrakt unterrühren und 10 Minuten ziehen lassen. Die Vanillesahne nochmals erhitzen, aber nicht kochen lassen, dann die Butter und den Akazienhonig unterrühren.

Währenddessen die dunkle Schokolade hacken und in eine Metallschüssel geben. Diese auf ein heißes, aber nicht kochendes Wasserbad setzen. Dabei darf der Schüsselboden das Wasser nicht berühren. Die Schokolade behutsam schmelzen, dann die Metallschüssel vom Wasserbad nehmen.

⅓ der heißen Vanillesahne auf die flüssige Schokolade gießen, mit einem Gummispatel von innen nach außen verrühren, bis eine Emulsion entsteht. Sollte die Masse aussehen, als wäre sie geronnen, kräftig weiterrühren, bis sie sich wieder verbindet. Wieder ⅓ der heißen Vanillesahne zugeben. Alles erneut von innen nach außen verrühren, bis eine homogene Masse entsteht. Dann die restliche Vanillesahne unterrühren und emulgieren.

Die Emulsion mit einem Stabmixer pürieren, bis eine glatte, glänzende Ganache entstanden ist. Die Schüssel in den Kühlschrank stellen und die Ganache zugedeckt 1 Tag ruhen lassen.

Die Ganache aus dem Kühlschrank nehmen und ca. 1 Stunde auf Raumtemperatur temperieren lassen.

Die Macaron-Böden auf einem Backblech abwechselnd mit der Oberseite nach oben und nach unten anordnen. Die Ganache in einen Einwegspritzbeutel mit glatter Tülle (13 mm) füllen und auf die Hälfte der Macaron-Böden spritzen. Die ungefüllten Macaron-Böden behutsam daraufsetzen und andrücken, damit sich die Füllung bis zum Rand verteilt.

Die Schokoladen-Macarons offen im Kühlschrank mindestens 2 Stunden kühlen.

Macaron-Pralinen

ZUTATEN

20 Stück gefüllte Macarons
(Sorten nach Belieben)
300 g sehr gute dunkle Schokolade
(66 % Kakaoanteil, z.B. Caraïbe von Valrhona)
10 g Butter
20 lange Holzstäbchen

Die gefüllten Macarons mindestens 2 Stunden im Tiefkühlfach gefrieren.

Die Schokolade hacken und mit der Butter in eine Metallschüssel geben. Diese auf ein heißes, aber nicht kochendes Wasserbad setzen. Dabei darf der Schüsselboden das Wasser nicht berühren. Die Schokolade behutsam schmelzen, dann die Metallschüssel vom Wasserbad nehmen.

Die gefrorenen Macarons portionsweise aus dem Tiefkühfach nehmen. Je 1 gefrorenen Macaron mit Hilfe eines langen Holzstäbchens vorsichtig quer in die Füllung stechen, dabei die Macaronschale nicht verletzen. Dann vorsichtig in die Schokolade tauchen, etwas abtropfen lassen und auf ein Kuchengitter oder eine Lage Backpapier legen.

Sobald die Schokolade fest ist, die Macaron-Pralinen im Kühlschrank lagern.

TIPP

Für die Macaron-Pralinen eignen sich besonders gut Macarons mit einer sehr geschmacksintensiven Füllung. Es passen sehr gut Vanille-Macarons (siehe Rezept Seite 21), Himbeer-Macarons (siehe Rezept Seite 84) oder Passionsfrucht-Macarons (eine Variante der Mango-Macarons, siehe Rezept Seite 52).

Möchte man keine Macaron-Pralinen am Stiel haben, kann man natürlich auch eine Pralinengabel oder eine Kuchengabel mit spitzen Zinken in die Füllung spießen und anschließend in die Schokolade tauchen.

Trüffeln nach Art von Gilberte

ZUTATEN

100 g sehr gute dunkle Schokolade (66 % Kakaoanteil, z.B. Caraïbe von Valrhona)
100 g sehr gute Milchschokolade (39 % Kakaoanteil, z.B. Orizaba von Valrhona)
100 g sehr gute Süßrahmbutter
50 g Sahne
1 EL flüssiger Vanilleextrakt
1 EL feiner Kristallzucker (mit echter Vanille aromatisiert)
50–80 g sehr gutes Kakaopulver

Die dunkle Schokolade und die Milchschokolade fein hacken und in eine Stielkasserolle geben. Die Butter in Würfel schneiden und zugeben. Die Sahne, den Vanilleextrakt und den Vanillezucker zugeben und bei niedriger Hitze langsam schmelzen lassen. Dabei immer mit einem Löffel oder einem Gummispatel vorsichtig rühren, bis die Schokolade geschmolzen ist und eine gebundene, glänzende Schokoladenmasse entstanden ist. Die Stielkasserolle vom Herd nehmen und die Schokoladencreme abkühlen lassen. Die Stielkasserolle abdecken und mindestens 2–3 Stunden in den Kühlschrank stellen, bis die Schokoladenmasse gut ausgehärtet ist.

Die Schokoladenmasse aus dem Kühlschrank nehmen und 10 Minuten bei Zimmertemperatur ruhen lassen.

Eine kleine Menge Schokoladenmasse mit einem Löffel abstechen. Die kalten Hände mit Wasser befeuchten und daraus walnussgroße Kugeln formen.

Das Kakaopulver in ein breites Marmeladenglas füllen, dann die Schokoladenkugeln einzeln hineinsetzen und mit kreisenden Bewegungen so lange schwenken, bis die Schokoladenkugel rundherum mit Kakaopulver umschlossen ist. Die Trüffel mit einer Gabel aus dem Glas nehmen und in eine Papier-Pralinenkapsel setzen.

Die Trüffeln mindestens 1 Stunde in den Kühlschrank stellen.

TIPP
Für die Trüffeln bitte nur allerbeste Zutaten verwenden. Sie müssen nicht ganz rund und gleichmäßig geformt sein, sie dürfen »Unikate« werden.

Arielles Croissants

ZUTATEN

5 Platten TK-Blätterteig
(ca. 1 Packung à 300–350 g)
100 g wachsweiche Butter

Die Blätterteigplatten nebeneinanderlegen und auftauen lassen.

Den Backofen rechtzeitig auf 180 °C (Umluft) vorheizen. Ein Backblech mit Backpapier belegen.

4 aufgetaute Blätterteigplatten mit wachsweicher Butter bestreichen, diese übereinanderlegen und mit der restlichen Blätterteigplatte bedecken. Das Blätterteigpaket mit einer Teigrolle zu einem gleichmäßigen Rechteck ausrollen. Es sollte ungefähr 0,5 cm dick und etwas größer als ein DIN-A4-Blatt sein.

Aus dem Rechteck 4 große lang gezogene Dreiecke (17 cm x 17 cm x 14 cm) ausschneiden. In die kürzeste Seite jedes Dreiecks mittig einen kleinen Schlitz von 2 cm schneiden, dadurch können die Dreiecke breiter aufgerollt werden. Die Dreiecke von der breiten, eingeschlitzten Seite her einrollen und vorsichtig bis zur Spitze hin aufrollen. Die Teiglinge mit der Spitze nach unten auf das Backblech setzen und nur leicht zu einem Hörnchen biegen.

Die Croissants im auf 180 °C vorgeheizten Backofen 20 Minuten goldbraun backen, dann auf einem Kuchengitter abkühlen lassen und bald genießen.

TIPP
Für die süße Variante gebe ich 1-2 EL grob geraspelte, gute dunkle Schokolade auf die Teigdreiecke. Dabei soll rundherum ein 1 cm breiter Rand frei bleiben. Ich verwende Caraïbe mit einem Kakaoanteil von 66 Prozent von Valrhona. Dann rolle ich die Dreiecke auf, bestreiche sie mit etwas verquirltem Eigelb und backe sie bei 180 °C (Umluft) 20 Minuten. Köstlich.

Blätterteig selbst zu machen ist mir wirklich zu mühsam, ich verwende TK-Blätterteig und verfeinere ihn mit guter Butter. Ja, diese Croissants sind eine Kalorienbombe, das ist eben so. Wer widerstehen kann, isst nur ein halbes Croissant …

Pince-nez “ Américain
Lunettes à grands

Brioche

für 1 großen Briochezopf

ZUTATEN

500 g Weizenmehl, Type 405 oder 550
10 g Kristallzucker
1 TL Salz
20 g frische Hefe
190 ml Vollmilch (Zimmertemperatur)
2 Eier (Zimmertemperatur)
120 g wachsweiche Butter
1 Eigelb zum Bestreichen
2 EL Hagelzucker zum Bestreuen
weiche Butter und Weizenmehl für die Kastenform

Das Weizenmehl, den Kristallzucker und das Salz in der Rührschüssel der Küchenmaschine vermischen.

50 ml Milch in einem kleinen Topf leicht erwärmen. Den Topf vom Herd nehmen, die Hefe zugeben und verrühren. Das Hefe-Milch-Gemisch zugedeckt 15 Minuten gehen lassen.

Eine Mulde mittig in die Mehlmischung drücken und das Hefe-Milch-Gemisch hineingießen. Die restliche zimmerwarme Milch und die leicht verquirlten Eier zugeben. Den Knethaken in die Küchenmaschine einsetzen und alles 10 Minuten kneten. Dann die wachsweiche Butter zugeben und weitere 2–3 Minuten kneten, bis ein elastischer, glänzender Hefeteig entstanden ist. (Der Hefeteig sollte sich vollständig vom Rührschüsselrand lösen.) Die Rührschüssel mit einem Tuch bedecken und den Hefeteig an einem zugfreien und warmen Ort 2 Stunden gehen lassen. Der Hefeteig sollte sich verdoppeln.

TIPP
Die Milch für das Hefe-Milch-Gemisch auf maximal 40 °C erwärmen, sonst sterben die Hefebakterien ab und der Teig geht nicht auf. Die optimale Zimmertemperatur für die Ruhephase des Briocheteigs beträgt 20–22 °C.

Um eine lockere, watteweiche Brioche mit dünner, knuspriger Kruste zu backen, ist es wichtig, dass der Briocheteig lange und gut geknetet wird. Man muss den fertig gekneteten Teig in die Hand nehmen können, ohne dass er auseinanderreißt.

Da die Brioche nur leicht gesüßt ist, passt sie sowohl zu Süßem als auch zu Herzhaftem.

Diese Brioche ist letztendlich ein Challabrot, das wir am Sabbat gegessen haben.

Währenddessen eine große Kastenform mit weicher Butter fetten und bemehlen.

Den aufgegangenen Hefeteig mit Weizenmehl bestäuben, aus der Rührschüssel lösen und auf die leicht bemehlte Arbeitsfläche legen. Den Teig mit einer Teigkarte in 3 Stücke teilen. Die Teigstücke zu Strängen mit einer Länge von ca. 25 cm formen. Die Teigstränge nebeneinanderlegen und zu einem Zopf flechten. Die Enden der Stränge leicht zusammendrücken. Den Zopf vorsichtig hochheben und in die vorbereitete Kastenform legen. Die Kastenform mit einem Tuch bedecken und den Briochezopf an einem zugfreien und warmen Ort 1 Stunde gehen lassen.

Den Backofen rechtzeitig auf 180 °C (Ober-/Unterhitze) vorheizen.

Das Eigelb mit wenig Wasser verrühren und den aufgegangenen Briochezopf vorsichtig damit bestreichen. Zum Schluss mit Hagelzucker bestreuen.

Den Briochezopf im auf 180 °C vorgeheizten Backofen (Ober-/Unterhitze) 30 Minuten goldbraun backen. Den fertigen Briochezopf noch heiß aus der Kastenform stürzen und auf einem Kuchengitter abkühlen lassen.

Nougatine

für 1 Glas

ZUTATEN

100 g ganze, geschälte Haselnusskerne (mit Haut)
45 g sehr gute dunkle Schokolade (66 % Kakaoanteil, z.B. Caraïbe von Valrhona)
45 g sehr gute Milchschokolade (39 % Kakaoanteil, z.B. Orizaba von Valrhona)
75 g Vollmilch
75 g Sahne
60 g Puderzucker
2 EL Haselnussöl

Den Backofen rechtzeitig auf 150°C (Umluft) vorheizen. Die ganzen Haselnusskerne auf einem Blech verteilen und im Backofen 20 Minuten rösten. Dann abkühlen lassen und im Blitzhacker zu einer feinen Paste mixen.

Die dunkle Schokolade und die Milchschokolade hacken und in eine Metallschüssel geben. Diese auf ein heißes, aber nicht kochendes Wasserbad setzen. Dabei darf der Schüsselboden das Wasser nicht berühren. Die beiden Schokoladen behutsam schmelzen.

Die Vollmilch, die Sahne, den Puderzucker, das Haselnussöl und die Haselnusspaste in einen Topf geben und unter Rühren erhitzen. Kurz vor dem Kochen den Topf vom Herd nehmen.

$\frac{1}{3}$ der heißen Haselnusssahne auf die geschmolzene Schokolade gießen, mit einem Gummispatel von innen nach außen verrühren, bis eine Emulsion entsteht. Wieder $\frac{1}{3}$ der heißen Haselnusssahne zugeben. Alles erneut von innen nach außen verrühren, bis eine homogene, glänzende Masse entsteht. Dann die restliche Haselnusssahne unterrühren und emulgieren.

Die heiße Nougatcreme in ein verschließbares Glas füllen, abkühlen lassen und kühl lagern.

TIPP
Selbst gemachte Nougatine schmeckt viel aromatischer und natürlicher als diverse Nuss-Nougat-Aufstriche, die es so im Supermarkt gibt. Es lohnt sich wirklich und die Nougatine ist ein tolles Mitbringsel für Freunde.

Karamellsauce

ZUTATEN

190 g Kristallzucker
Wasser zum Bedecken
300 g Sahne
45 g kalte leicht gesalzene Butter

Den Kristallzucker in eine Stielkasserolle streuen und mit Wasser bedecken. Das Gemisch so lange kochen, bis ein bernsteinfarbener bis hellbrauner Karamell entsteht. Dann langsam die Sahne zugeben und bei reduzierter Hitze weiterköcheln lassen, bis sich der Karamell aufgelöst hat. Vorsicht, der Karamell ist sehr heiß! Die Stielkasserolle vom Herd nehmen und die Karamellsauce leicht abkühlen lassen. Die kalte Butter in Würfel schneiden und mit dem Schneebesen rasch unterrühren. Die heiße Karamellsauce sofort in kleine Gläser füllen, diese mit Deckeln verschließen und abkühlen lassen.

TIPP
Die Karamellsauce hält sich im Kühlschrank mehrere Wochen und ist ein tolles Mitbringsel für Freunde!

Sie passt sehr gut zu Eis, zu Parfait, zu Pfannenkuchen, zu frischen Früchten oder einfach so zum Löffeln.

Fondant au chocolat

ZUTATEN

3 sehr frische große Eier (zimmerwarm)
120 g Puderzucker
55 g Weizenmehl, Type 405
135 g sehr gute dunkle Schokolade (66 % Kakaoanteil, z.B. Caraïbe von Valrhona)
135 g sehr gute Süßrahmbutter (ungesalzen)
1 TL Vanilleextrakt, flüssig
weiche Butter und Kristallzucker für die Soufflé-Förmchen

Die Innenseiten von 4 Soufflé-Förmchen großzügig mit weicher Butter fetten und mit Kristallzucker bestreuen.

Den Backofen rechtzeitig auf 180 °C (Umluft) vorheizen.

Die zimmerwarmen Eier und den Puderzucker in eine Schüssel geben und mit dem Schneebesen kurz verrühren, bis sich alles gut verbunden hat. Dann das Weizenmehl darübersieben und kurz unterrühren.

Die dunkle Schokolade hacken und mit der gewürfelten Butter in eine Metallschüssel geben. Diese auf ein heißes, aber nicht kochendes Wasserbad setzen. Dabei darf der Schüsselboden das Wasser nicht berühren. Alles zusammen behutsam schmelzen.

Die Schokoladenmasse etwas abkühlen lassen – sie darf keinesfalls zu heiß sein –, dann mit dem Schneebesen unter die Eiermasse rühren, bis sich alles gut verbunden hat.

Den Teig in die Soufflé-Förmchen füllen, sodass diese zu ¾ gefüllt sind. Die Ränder mit Hilfe einer Lage Küchenkrepp säubern, sodass kein Zucker mehr an den Rändern haftet.

Die Soufflé-Förmchen auf den Backrost stellen und im auf 180 °C vorgeheizten Backofen (Umluft) 11 Minuten, maximal 12 Minuten garen. Die Schokoladenküchlein sind dann noch nicht ganz durchgebacken, sie sollen noch einen weichen Kern haben.

Die Fondants au chocolat aus dem Backofen nehmen, sofort in den Soufflé-Förmchen servieren und noch heiß auslöffeln.

TIPP

Fondant au chocolat ist ein himmlischer kleiner, warmer Kuchen mit einem flüssigen, zartschmelzenden Kern. Zum Dessert perfekt – einfach warm auslöffeln. Sie werden ihn lieben!

Die Schokoladenküchlein müssen außen eine zarte knusprige Kruste aufweisen, aber innen noch flüssig sein. Also keine Scheu – sie sehen nach dem Backen noch nicht ganz fertig aus – auf keinem Fall zu lange backen. Und es versteht sich von selbst – bitte nur allerbeste Zutaten verwenden.

Wenn ich Gäste bekomme, stelle ich vormittags die gefüllten Soufflé-Förmchen in den Kühlschrank, nehme sie abends raus und schiebe sie sofort in den vorgeheizten Backofen. Und ich kann mich entspannt meinen Gästen widmen! Die Backzeit erhöht sich maximal um 1 Minute.

Dazu passt sehr gut eine Nocke Vanilleeis.

Haselnuss-Café-Parfait

ZUTATEN

200 g ganze, geschälte Haselnusskerne (ohne Haut)
120 g Kristallzucker
40 g Wasser
200 g starker Espresso, abgekühlt
300 g Sahne

Den Backofen rechtzeitig auf 150 °C (Umluft) vorheizen. Die ganzen Haselnusskerne auf einem Blech verteilen und im Backofen 20 Minuten rösten. Die gerösteten Haselnusskerne abkühlen lassen.

Ein Backblech mit Backpapier belegen und beiseitestellen.

Das Wasser und den Zucker in einen Topf geben und zu einem hellen Sirup kochen. Die gerösteten Haselnusskerne zugeben und rühren, bis sie kristallisieren. (Der enthaltene Zucker wird stumpf und ummantelt die Haselnusskerne.) Die kristallisierten Haselnusskerne unter ständigem Rühren weitererhitzen, bis die Zuckerkristalle karamellisieren. Die Haselnüsse dunkelbraun karamellisieren, dann sofort auf das Backblech geben und vollständig abkühlen lassen.

Die abgekühlten karamellisierten Haselnusskerne in den Blitzhacker geben und zu einer feinen Paste mixen. Dann bei kleiner Stufe löffelweise den abgekühlten Espresso zugeben und untermixen.

Die Haselnuss-Café-Masse und die Sahne in einen Topf geben und unter Rühren erhitzen, bis sich die Masse aufgelöst hat. Die Sahne darf dabei nicht kochen. Die heiße Haselnuss-Kaffee-Sahne in die Rührschüssel der Küchenmaschine füllen, mit Frischhaltefolie abdecken und abkühlen lassen. Die Rührschüssel bis zum nächsten Tag in den Kühlschrank stellen.

Eine kleine Kasten- oder Pastetenform mit Frischhaltefolie auskleiden, dabei die Ränder großzügig überlappen lassen.

Die gut gekühlte Haselnuss-Kaffee-Sahne aus dem Kühlschrank nehmen und sofort mit dem Schneebesenaufsatz luftig-cremig schlagen. Das dauert etwas länger als bei normaler Schlagsahne. Die aufgeschlagene Haselnuss-Kaffee-Sahne in die vorbereitete Form geben und die überlappenden Folienenden darüberschlagen. Die Form 12 Stunden tiefkühlen.

Das Haselnuss-Café-Parfait 5–10 Minuten vor dem Servieren aus dem Tiefkühlfach nehmen und beiseitestellen. Das Parfait aus der Form stürzen, in Scheiben schneiden und servieren.

TIPP

Für eine fruchtigere Variante fülle ich die Hälfte der aufgeschlagenen Haselnuss-Kaffee-Sahne in die Form, verteile darauf Rumrosinen, Cranberrys oder Gojibeeren. Dann bedecke ich die Früchte mit der restlichen Masse und stelle die Form in das Tiefkühlfach.

Sehr gut schmeckt auch eine Einlage aus gerösteten, karamellisierten Nüssen, z.B. Pekan- oder Walnusskernen. Die Nusskerne müssen unbedingt karamellisiert sein, da sie sonst im gefrorenen Parfait nicht knusprig bleiben.

Mousse au chocolat

ZUTATEN

Macaron-Boden

MERINGUE-MASSE
48 g Eiweiß (3 Tage im Voraus getrennt)
1 Prise Salz
133 g feiner Kristallzucker
30 g Wasser

MANDEL-ZUCKER-MISCHUNG
133 g Puderzucker
133 g gemahlene, blanchierte Mandelkerne

MACARONAGE
48 g Eiweiß (3 Tage im Voraus getrennt)
Mandel-Zucker-Mischung (siehe oben)
Meringue-Masse (siehe oben)

Mousse au chocolat

250 g sehr gute dunkle Schokolade (66 % Kakaoanteil, z.B. Caraïbe von Valrhona)
25 g Butter
10 g gesalzene Butter
2 sehr frische große Eier
1 Prise feiner Kristallzucker

Fertigstellen

250 g frische Himbeeren
2 Eiweiß
50 g sehr feiner Kristallzucker

MACARON-BODEN

Für den Macaron-Boden die Schritte 1–11 des Grundrezepts (»Macaron-Grundmasse«, siehe Seite 12–17) durchführen.

Ein Backblech mit 1 dünnen antihaftbeschichteten Dauerbackfolie belegen. Die Fixierklammer vom Spritzbeutel lösen, dann ausgehend von der Backblechmitte eine Spirale mit einem Durchmesser von ca. 20 cm spritzen. Die Macaron-Spirale läuft glatt auseinander und hat einen seidigen Glanz.

Den Macaron-Kreis bei Raumtemperatur ca. 1,5 Stunden trocknen lassen, das Backblech dabei nicht abdecken. Der Macaron-Kreis verliert seinen Glanz, wird an der Oberfläche trocken und matt.

Rechtzeitig den Backofen auf 150 °C (Umluft) vorheizen. Das Backblech in den Backofen schieben und den Boden 27 Minuten backen, dabei die Backofentüre nicht öffnen.

Das Backblech aus dem Backofen nehmen und sofort den Macaron-Kreis mit dem Ring einer Springform (20 cm Durchmesser) mittig ausstanzen und abkühlen lassen. Den Rand der Springform (20 cm Durchmesser) mit einem Streifen Kuchenrandfolie oder Backpapier auskleiden und anschließend den abgekühlten Macaron-Kreis hineinlegen.

mit Macaron-Boden

TIPP
Die Zutatenmenge für die Herstellung des Macaron-Bodens reicht für 2 Macaron-Böden mit einem Durchmesser von je 20 cm. Die restliche Macaron-Masse nicht wegwerfen, sondern einen zweiten Macaron-Boden oder normale kleine Macaron-Böden backen. Diese können problemlos für später eingefroren werden. Die Zutatenmengen bitte nicht halbieren, sonst wird die Macaron-Masse nicht perfekt.

MOUSSE AU CHOCOLAT
Die dunkle Schokolade hacken und zusammen mit der Butter und der gesalzenen Butter in eine Metallschüssel geben. Diese auf ein heißes, aber nicht kochendes Wasserbad setzen. Dabei darf der Schüsselboden das Wasser nicht berühren. Die Schokolade behutsam schmelzen, dann die Schüssel vom Wasserbad nehmen und die Schokolade abkühlen lassen.

Währenddessen die Eier trennen. Das Eiweiß mit 1 Prise Zucker zu steifem Schnee schlagen und beiseitestellen. Die Eigelbe mit einem Schneebesen unter die abgekühlte, aber noch flüssige Schokolade rühren, bis sich alles gut verbunden hat. Dann den Eischnee vorsichtig unterheben. Die Mousse au chocolat in die vorbereitete Springform auf den Macaron-Boden füllen und glatt streichen.

Die Springform 1 Tag in den Kühlschrank stellen.

FERTIGSTELLEN
Kurz vor dem Anrichten die Form aus dem Kühlschrank nehmen, die Springform abnehmen und die Torte auf eine Servierplatte setzen. Dann vorsichtig die Kuchenrandfolie abziehen.

Die Himbeeren verlesen und beiseitestellen. Das Eiweiß in eine Schüssel geben und mit dem Schneebesen leicht anschlagen. Die Himbeeren mit den Spritzen einzeln in das angeschlagene Eiweiß tunken und sofort in feinen Kristallzucker tupfen. Die kristallisierten Himbeeren dekorativ auf der Mousse au chocolat anrichten und servieren.

Flan mit Orangen und Limetten

ZUTATEN

Orangenkaramell
1 Bio-Orange
1 Bio-Limette
100 g Kristallzucker
4 EL Wasser

Eiermilch
500 ml Milch
1 Vanilleschote
frisch geriebene Orangenschale
(siehe Teilrezept »Orangenkaramell«)
4 Eier
5 Eigelbe
150 g Kristallzucker

ORANGENKARAMELL
Die Schale der Bio-Orange fein abreiben, mit Frischhaltefolie abdecken und für die Zubereitung der Eiermilch beiseitestellen. Den Saft der Orange auspressen und beiseitestellen. Die Schale der Bio-Limette fein abreiben und beiseitestellen. Der Saft der Limette kann anderweitig verwendet werden.

Den Kristallzucker und das Wasser in einen Topf geben und bei mittlerer Hitze zu bernsteinfarbenem Karamell kochen. Dann mit dem Orangensaft ablöschen, die abgeriebene Limettenschale zugeben und so lange köcheln lassen, bis sich der Karamell vom Topfboden gelöst hat. Den sehr heißen Karamell sofort in 8 kleine Sturzgläser füllen, dann schwenken, sodass der noch flüssige, heiße Orangenkaramell zu ca. ⅔ die Wände bedeckt. Die Gläser beiseitestellen und abkühlen lassen.

EIERMILCH
Die Milch in einen Topf geben. Die Vanilleschote längs aufschlitzen, das Vanillemark auskratzen und zusammen mit der leeren Vanilleschote und der abgeriebenen Orangenschale zugeben. Das Ganze fast zum Kochen bringen, dann vom Herd nehmen und zugedeckt 30 Minuten ziehen lassen. Die leere Vanilleschote herausnehmen und die Vanille-Orangen-Milch zugedeckt auf Zimmertemperatur abkühlen lassen. Die aufgeschlagenen Eier, die Eigelbe und den Kristallzucker in eine Schüssel geben und mit einer Gabel verquirlen. Die abgekühlte Vanille-Orangen-Milch mit einem Schneebesen unter die Eier-Zucker-Mischung rühren. Die Eiermilch beiseitestellen und einige Minuten ruhen lassen. Den eventuell entstandenen Schaum abtragen, dazu 1 Lage Küchenkrepp auf die Oberfläche legen, kurz saugen lassen und abnehmen. Die Eiermilch durch ein feines Sieb passieren und in die vorbereiteten mit Orangenkaramell ausgekleideten Sturzgläser gießen. Die Sturzgläser verschließen oder mit Alufolie abdecken.

FERTIGSTELLEN UND ANRICHTEN
Den Backofen rechtzeitig auf 180 °C (Ober-/Unterhitze) vorheizen.
Eine große Auflaufform mit Küchenkrepp auslegen und vorsichtig die gefüllten Sturzgläser hineinstellen. Reichlich Wasser aufkochen. Die Auflaufform in den Backofen schieben und vorsichtig bis zum Rand der Eiermilch heißes Wasser angießen. Das heiße Wasserbad und die Eiermilch sollen in einer Ebene sein.

Die Flans 45 Minuten stocken lassen. Die Creme ist gar, wenn ein Holzstäbchen beim Hineinstecken trocken bleibt. Die Form aus dem Wasserbad nehmen, abkühlen lassen und bis zum Servieren in den Kühlschrank stellen.

Kurz vor dem Servieren mit einem Messer am Gläserrand entlangfahren und lösen. Dann einen kleinen tiefen Teller darauflegen, wenden und stürzen. Das Glas zentrieren und vorsichtig abnehmen. Der dann flüssig gewordene Orangenkaramell umfließt den Flan als Spiegel.

Crème caramel

ZUTATEN

Karamell
100 g Kristallzucker
4 EL Wasser
1 Spritzer frisch gepresster Zitronensaft

Eiermilch
500 ml Milch
1 Vanilleschote
4 Eier
5 Eigelbe
150 g Kristallzucker

KARAMELL
Den Kristallzucker, das Wasser und den frisch gepressten Zitronensaft in einen Topf geben und bei mittlerer Hitze zu goldbraunem Karamell kochen. Den sehr heißen Karamell sofort in eine emaillierte Kranzform oder Guglhupfform füllen, dann schwenken, sodass der noch flüssige, heiße Karamell die Wände bedeckt. Die Form beiseitestellen und den Karamell aushärten lassen.

TIPP
Bitte beim Schwenken und Auskleiden der Form immer Topflappen verwenden. Die Form wird sehr, sehr heiß!

EIERMILCH
Die Milch in einen Topf geben. Die Vanilleschote längs aufschlitzen, das Vanillemark auskratzen und zusammen mit der leeren Vanilleschote zugeben. Das Ganze fast zum Kochen bringen, dann vom Herd nehmen und zugedeckt 30 Minuten ziehen lassen. Die leere Vanilleschote herausnehmen und die Vanillemilch zugedeckt auf Zimmertemperatur abkühlen lassen. Die aufgeschlagenen Eier, die Eigelbe und den Kristallzucker in eine Schüssel geben und mit einer Gabel verquirlen. Die abgekühlte Vanillemilch mit einem Schneebesen unter die Eier-Zucker-Mischung rühren. Die Eiermilch beiseitestellen und einige Minuten ruhen lassen. Den eventuell entstandenen Schaum abtragen, dazu 1 Lage Küchenkrepp auf die Oberfläche legen, kurz saugen lassen und abnehmen. Die Eiermilch durch ein feines Sieb passieren und in die vorbereitete, mit Karamell ausgekleidete Form gießen. Die Form mit Alufolie abdecken.

FERTIGSTELLEN UND ANRICHTEN

Den Backofen rechtzeitig auf 180°C (Ober-/Unterhitze) vorheizen.
Eine große Auflaufform mit Küchenkrepp auslegen und vorsichtig die gefüllte Form hineinstellen. Reichlich Wasser aufkochen. Die Auflaufform in den Backofen schieben und vorsichtig bis zum Rand der Eiermilch heißes Wasser angießen. Das heiße Wasserbad und die Eiermilch sollen in einer Ebene sein.

Die Crème caramel 45 Minuten stocken lassen. Die Crème ist gar, wenn ein Holzstäbchen beim Hineinstecken trocken bleibt. Die Form aus dem Wasserbad nehmen, abkühlen lassen und bis zum Servieren in den Kühlschrank stellen.

Kurz vor dem Servieren mit einem Messer am Formrand entlangfahren und lösen. Dann einen tiefen Teller darauflegen, wenden und stürzen. Die Form zentrieren und vorsichtig abnehmen. Der dann flüssig gewordene Karamell umfließt die Crème als Spiegel.

TIPP
Alternativ können Sturzgläser mit dem heißen Karamell ausgekleidet werden. Die Eiermilch einfüllen, mit einem Deckel verschließen und wie beschrieben pochieren. Ein sehr beliebtes Mitbringsel für Freunde!

Flan Parisien

für eine hohe Tarteform von 28 cm

ZUTATEN

Crème pâtissière
400 ml Vollmilch
450 ml Sahne
2 große Vanilleschoten
2 Eier
2 Eigelb
150 g Kristallzucker
50 g Maisstärke

Flan Parisien
1 Rolle frischer Blätterteig (aus dem Kühlregal)
weiche Butter für die Form

CRÈME PÂTISSIÈRE

Die Vollmilch und die Sahne in einem Topf erhitzen. Die Vanilleschote längs mit einem spitzen Messer aufschlitzen, das Mark herauskratzen und beides in die heiße Sahne geben. Sobald die Milch-Sahne-Mischung fast zu kochen beginnt, den Topf vom Herd nehmen und die Vanillesahne zugedeckt 20 Minuten ziehen lassen. Dann die Vanilleschote herausnehmen und mit den Händen fest ausdrücken.

Die aufgeschlagenen Eier, die Eigelbe, den Kristallzucker und das Maismehl mit dem Schneebesen in einer Schüssel verrühren. Die heiße Vanillemilch langsam daraufgießen und sofort verrühren, dann zurück in den Topf geben und unter Rühren erhitzen, bis die Masse andickt. Die puddingartige Creme in eine Schüssel füllen, die Oberfläche mit Frischhaltefolie abdecken und bei Zimmertemperatur vollständig abkühlen lassen.

TIPP

Die Blätterteigreste mit einem Messer zuschneiden, und diese als zweite Schicht um den Tarterand legen. Es dürfen ruhig mehrere Teilstücke sein. In keinem Fall die Teigreste mit den Händen zusammenkneten und anschließend wieder ausrollen, sonst gehen die einzelnen Teigschichten kaputt und der Teig geht beim Backen nicht »blätterig« auf.

Die Creme des fertig gebackenen Flan bildet eine dunkle, haselnussbraune Haut.

Der heiße Flan Parisien ist sehr wackelig und muss daher unbedingt in der Tarteform vollständig abkühlen und erstarren, sonst bricht er auseinander. Am besten 1 Tag vorher backen.

FLAN PARISIEN

Während die Crème pâtissière abkühlt, eine hohe Tarteform mit weicher Butter einfetten. Den Blätterteig auseinanderrollen, mittig in die gefettete Tarteform legen und andrücken. Die überstehenden Ränder mit einem Messer abschneiden. Die Teigreste in breite Streifen schneiden und als zweite Schicht um den Rand der Tarteform legen. Der Boden der Tarteform soll mit 1 Lage Blätterteig und der Rand mit 2 Lagen Blätterteig ausgekleidet sein. Sollte die zweite Randschicht nicht haften, einfach mit etwas weicher Butter fixieren. Die Tarteform in den Kühlschrank stellen.

Den Teigboden mehrmals mit einer Gabel einstechen. Die abgekühlte Crème pâtissière in die vorbereitete Tarteform füllen. Dabei soll der Blätterteigrand ungefähr 1 cm frei bleiben. Die gefüllte Tarteform für 1 Stunde in den Kühlschrank stellen.

Den Backofen rechtzeitig auf 180 °C (Umluft) vorheizen.

Die vorbereitete Tarteform aus dem Kühlschrank nehmen und in den vorgeheizten Backofen schieben. Den Flan Parisien 45 Minuten backen, dann in der Form vollständig abkühlen lassen und mindestens 2–3 Stunden in den Kühlschrank stellen.

Vor dem Servieren aus der Tarteform nehmen.

Madeleines mit Orangen

ZUTATEN

Orangenfüllung
2 Blatt weiße Gelatine
3 Orangen

Madeleines
1 Bio-Orange
200 g Butter
3 Eier
120 g Kristallzucker
3 EL Thymianhonig
65 g Vollmilch
2 EL flüssiger Vanilleextrakt
200 g Weizenmehl, Type 405
10 g Backpulver
Orangengelee (siehe oben)
weiche Butter und Weizenmehl für das Madeleines-Backblech

ORANGENFÜLLUNG

Die Blattgelatine 10 Minuten in reichlich kaltem Wasser einweichen. Den Saft der Orangen auspressen. ⅓ des Orangensaftes erhitzen, die eingeweichte Blattgelatine gut ausdrücken, unterrühren und darin auflösen. Das Gelatinegemisch sofort unter den restlichen Orangensaft rühren, abkühlen und im Kühlschrank gelieren lassen.

MADELEINES

Die Schale der Orange fein abreiben und mit der Butter in einem Topf langsam zum Kochen bringen. Die Orangenbutter so lange weiterköcheln lassen, bis sie goldbraun wird, aber nicht verbrennt. Den Topf vom Herd nehmen, die Orangenbutter in eine Schüssel umfüllen und etwas abkühlen lassen. Die Eier aufschlagen und mit dem Kristallzucker, dem Tymianhonig, der Milch und dem Vanilleextrakt in einer Rührschüssel cremig schlagen. Das Weizenmehl mit dem Backpulver vermischen und unterrühren. Zum Schluss tröpfchenweise die noch leicht gewärmte Orangenbutter unterrühren. Den Teig 30 Minuten in den Kühlschrank stellen.

Den Backofen rechtzeitig auf 180 °C (Ober-/Unterhitze) vorheizen. Ein Madeleines-Backblech mit 12 Mulden mit weicher Butter auspinseln und bemehlen.

Den Teig in die Mulden füllen, das Backblech auf den Backofenrost setzen und in den vorgeheizten Backofen schieben. Die Madeleines 8–10 Minuten backen, dann das Backblech aus dem Backofen nehmen. Die Madeleines auf ein Kuchengitter stürzen und abkühlen lassen.

Das Orangengelee aus dem Kühlschrank nehmen und mit dem Stabmixer zu einem cremigen Gel mixen. Das Orangen-Gel in einen Spritzbeutel mit glatter Tülle (4 mm) füllen. Die abgekühlten Madeleines mit dem Spritzbeutel an der dicksten Stelle einstechen und mit dem Orangen-Gel füllen.

TIPP
Ich verwende ausschließlich ein Madeleines-Backblech aus Metall, sie werden einfach schöner. Mit einer Silikonbackform habe ich keine gute Erfahrung gemacht.

Tartelettes mit Kastaniencreme

für 6 Tartelettes (je ca. 10 cm Durchmesser)

ZUTATEN

Kastaniencreme
30 g Kristallzucker
1 EL Wasser
75 g vorgegarte Esskastanien
(aus dem Glas oder vakuumiert)
125 g Sahne
75 g sehr gute weiße Schokolade
(z. B. Opalys von Valrhona)

Mürbeteig
210 g Weizenmehl, Type 405
30 g fein gemahlene, blanchierte
Mandelkerne
1 Prise Salz
25 g Puderzucker
125 g weiche Butter
1 großes Ei
weiche Butter und Weizenmehl für
die Tartelletteförmchen
getrocknete Hülsenfrüchte (z.B.
kleine Bohnenkerne, Erbsen oder
Linsen) zum Blindbacken

Fertigstellen
6 Passionsfrüchte

KASTANIENCREME

Den Kristallzucker und das Wasser in eine Stielkasserolle geben und zu einem hellen Karamell kochen. Die vorgegarten Esskastanien zugeben und verrühren, bis sie vollständig mit Karamell überzogen sind. Die karamellisierten Esskastanien sofort mit der flüssigen Sahne ablöschen und einmal aufkochen lassen. Den Topf vom Herd nehmen und 3–4 Minuten ruhen lassen.

Die weiße Schokolade hacken und in eine Metallschüssel geben. Diese auf ein heißes, aber nicht kochendes Wasserbad setzen. Dabei darf der Schüsselboden das Wasser nicht berühren. Die weiße Schokolade behutsam schmelzen.

Die Esskastanien zusammen mit der Sahne in einen Mixbecher geben und mit einem Stabmixer fein pürieren. Das warme Esskastanienpüree auf die geschmolzene Schokolade gießen, mit einem Gummispatel von innen nach außen verrühren, bis eine Emulsion entsteht.

Die Emulsion mit einem Stabmixer pürieren, bis eine glänzende Creme entstanden ist. Die Schüssel in den Kühlschrank stellen und die Kastaniencreme zugedeckt 1 Tag ruhen lassen.

MÜRBETEIG

Das Weizenmehl, das Mandelmehl, das Salz und den Puderzucker in einer Rührschüssel vermischen. Die weiche Butter und das mit der Gabel verquirlte Ei zugeben. Alles zusammen mit den Knethaken einige Sekunden verrühren, bis sich ein »Teigball« gebildet hat. Den Mürbeteig keinesfalls zu lange kneten, dann in Frischhaltefolie wickeln und 30 Minuten in den Kühlschrank stellen.

6 Tarteletteförmchen mit weicher Butter einfetten und bemehlen.

Den Teig zwischen 2 Lagen Backpapier 0,5 cm dick auswellen. Das oben liegende Backpapier abziehen und 6 großzügige Kreise ausstechen. Je 1 Teigkreis vorsichtig in je 1 Tartelettеform legen, behutsam und nur leicht andrücken und die Ränder mit einem Messer abschneiden.

und Passionsfrucht

Die vorbereiteten Tartelettefiörmchen für 1 Stunde in den Kühlschrank stellen.

Den Backofen rechtzeitig auf 180 °C (Ober-/Unterhitze) vorheizen.

6 großzügige Backpapierkreise ausschneiden und mit kaltem Wasser einpinseln, sodass das Backpapier biegsam und geschmeidig wird. Die gekühlten Tartelettefiörmchen aus dem Kühlschrank nehmen und die Teigböden mit einer Gabel mehrmals einstechen. Je 1 Tartelettefiörmchen mit einem befeuchteten Backpapierkreis bedecken und darauf die getrockneten Hülsenfrüchten streuen. Diese »Blindfüllung« stabilisiert den Teigrand.

Die Tartelettеböden im auf 180 °C vorgeheizten Backofen (Ober-/Unterhitze) 15 Minuten blind backen. Dann die Hülsenfrüchte und das Backpapier entfernen und die Böden weitere 15 Minuten knusprig backen.

Die Tartelettеböden in den Förmchen abkühlen lassen.

FERTIGSTELLEN

Die Kastaniencreme aus dem Kühlschrank nehmen und ca. 1 Stunde auf Zimmertemperatur temperieren lassen. Die Tartelettеböden aus den Förmchen nehmen.

Die Kastaniencreme in einen Einwegspritzbeutel mit glatter Tülle (8 mm) füllen und dicht an dicht kleine Tupfen auf die Tartelettеböden spritzen. Die Cremetupfen sollten etwas niedriger als der Tartelетterand sein. Die gefüllten Tartelettes in den Kühlschrank stellen.

Vor dem Servieren die Passionsfrüchte halbieren, auslöffeln und auf der Kastaniencreme verteilen.

Aprikosentarte

für eine runde Tarte mit einem Durchmesser von 26 cm oder eine quadratische Tarte mit einer Kantenlänge von 23 cm

ZUTATEN

Mandelmürbeteig
280 g Weizenmehl, Type 405
40 g fein gemahlene, blanchierte Mandelkerne
1 große Prise Salz
34 g Puderzucker
170 g weiche Butter
2 Eier
weiche Butter zum Einfetten der Tarteform
getrocknete Hülsenfrüchte (z.B. kleine Bohnenkerne, Erbsen oder Linsen) zum Blindbacken

Belag
1 kg frische, reife Aprikosen
50 g zerlassene Butter
2–3 EL heller Rohrohrzucker

MANDELMÜRBETEIG

Das Weizenmehl, das Mandelmehl, das Salz und den Puderzucker in einer Rührschüssel vermischen. Die weiche Butter und das mit der Gabel verquirlte Ei zugeben. Alles zusammen mit den Knethaken einige Sekunden verrühren, bis sich ein »Teigball« gebildet hat. Den Mürbeteig keinesfalls zu lange kneten. Den Teig in Frischhaltefolie wickeln und 30 Minuten in den Kühlschrank stellen.

Eine Tarteform mit weicher Butter fetten und bemehlen.

Den Teig zwischen 2 Lagen Backpapier 0,5 cm dick auswellen. Das oben liegende Backpapier abziehen, die Teigplatte wenden und in die vorbereitete Tarteform legen. Das nun oben liegende Backpapier abziehen, den Mandelmürbeteig behutsam und nur leicht andrücken. Die Ränder mit einem Messer abschneiden.

Die Tarteform 1 Stunde in den Kühlschrank stellen.

Den Backofen rechtzeitig auf 180°C (Ober-/Unterhitze) vorheizen.

1 großzügigen Backpapierkreis ausschneiden und mit kaltem Wasser einpinseln, sodass das Backpapier biegsam und geschmeidig wird. Die gekühlte Tarteform aus dem Kühlschrank nehmen und den Teigboden mit einer Gabel mehrmals einstechen. Den Tarteboden mit dem befeuchteten Backpapierkreis bedecken. Die getrockneten Hülsenfrüchten daraufgeben. (Diese »Blindfüllung« stabilisiert den Teigrand.)

Den Tarteboden im auf 180°C (Ober-/Unterhitze) vorgeheizten Backofen 15 Minuten blind backen. Dann die Hülsenfrüchte und das Backpapier entfernen und den Boden weitere 15 Minuten knusprig backen.

Den Tarteboden in der Form leicht abkühlen lassen.

BELAG

Die Aprikosen halbieren und entsteinen, dann mit den Schnittflächen nach oben rosettenförmig auf den gebackenen Tarteboden legen. Die Aprikosenhälften mit flüssiger Butter bestreichen und mit Rohrohrzucker bestreuen.

Die Aprikosentarte im auf 180°C (Ober-/Unterhitze) geheizten Backofen ca. 25–30 Minuten backen, bis die Aprikosenhälften karamellisiert sind und der Teigrand knusprig und goldbraun ist.

Die Aprikosentarte aus dem Backofen nehmen und in der Form lauwarm abkühlen lassen. Dann aus der Tarteform nehmen, auf eine Kuchenplatte setzen und servieren.

TIPP

Die Aprikosentarte schmeckt lauwarm am besten. Sollte etwas übrig bleiben, schmeckt sie natürlich auch bei Zimmertemperatur.

Sehr gut passt dazu ein kleiner Klecks gesüßte Crème fraîche. Dazu einfach 150 g Crème fraîche in eine kleine Schüssel geben, mit etwas Puderzucker süßen und mit dem Schneebesen cremig aufschlagen.

Tarte tatin

für eine Tarteform von 28 cm

ZUTATEN

Äpfel
10–12 mittelgroße, säuerliche, feste Äpfel (Sorte: Boskoop)
100 g zerlassene Butter
50 g Kristallzucker

Karamell
weiche Butter für die Tarteform
90 g Kristallzucker
60 g kalte Butterwürfel

Tarte tatin
5 Platten TK-Blätterteig (ca. 1 Packung à 300–350 g)
100 g wachsweiche Butter
30 g Kristallzucker
gebackene Apfelhälften (siehe Teilrezept »Äpfel«)
30 g kalte Butter

ÄPFEL

Den Backofen rechtzeitig auf 180 °C (Umluft) vorheizen.

Die Äpfel waschen, trocken tupfen und mit Hilfe eines Apfelausstechers die Stiele und das Kerngehäuse ausstechen. Die Äpfel schälen und längs halbieren. Ein Backblech mit Backpapier belegen und mit flüssiger Butter bestreichen. Die Äpfel mit den Schnittflächen nach unten auf das gefettete Backpapier setzen, mit flüssiger Butter bepinseln und mit Kristallzucker bestreuen.
Das Backblech in den auf 180 °C vorgeheizten Backofen (Umluft) schieben und die Äpfel 10–20 Minuten backen. Die Äpfel sollen weich, aber noch fest sein, also nicht zerfallen. Das Backblech herausnehmen und die Äpfel auf dem Backblech abkühlen lassen.

KARAMELL

Den Boden und die Innenwände einer Tarteform mit reichlich weicher Butter fetten.

Den Kristallzucker in einen kleinen Topf geben und bei mittlerer Hitze erhitzen. Sobald der entstandene Karamell sich hellbraun färbt, die kalte Butter zugeben und kurz weiter karamellisieren lassen. Den sehr heißen Karamell sofort gleichmäßig in die gebutterte Tarteform gießen und leicht schwenken, bis der Boden vollständig überzogen ist.

Die Tarteform beiseitestellen, bis der Karamell abgekühlt ist.

TARTE TATIN

Die Blätterteigplatten nebeneinanderlegen und auftauen lassen.

Den Backofen rechtzeitig auf 200°C (Umluft) vorheizen.

4 aufgetaute Blätterteigplatten mit wachsweicher Butter bestreichen, diese übereinanderlegen und mit der restlichen Blätterteigplatte bedecken. Das Blätterteigpaket mit einer Teigrolle zu einer gleichmäßigen runden Platte ausrollen. Die Teigplatte sollte ca. 0,5 cm dick sein. Aus der Teigplatte einen Kreis mit einem Durchmesser von 30–32 cm ausschneiden. Der Blätterteigkreis sollte ca. 1 cm größer sein als die vorbereitete Tarteform. Den Blätterteigkreis auf einen mit Backpapier belegten Teller legen und 15 Minuten in das Tiefkühlfach stellen.

Den Kristallzucker gleichmäßig in die vorbereitete Tarteform auf den abgekühlten Karamell streuen. Die abgekühlten Apfelhälften hochkant und dicht in die Tarteform einschichten. Die Apfelhälften sollen sehr eng aneinander, beginnend vom Tarterand eingeschichtet werden, dabei dürfen sie auch etwas gedrückt werden. Es soll zum Schluss ein schönes Rosettenmuster entstehen. Die kalte Butter in kleine Würfel schneiden und auf den Äpfeln verteilen.

Die angefrorene Blätterteigplatte aus dem Tiefkühlfach nehmen und mittig auf die Äpfel legen. Dann den Blätterteigrand zwischen Tarteform-Innenseite und Äpfeln leicht nach unten drücken und befestigen.

Die Tarteform in den auf 200°C vorgeheizten Backofen (Umluft) schieben und 30 Minuten backen. Die Tarte tatin aus dem Backofen nehmen und in der Form abkühlen lassen. Die Teigränder mit einem stumpfen Messer vorsichtig lösen, die Tarte tatin auf eine Kuchenplatte stürzen und servieren.

TIPP

Diese »einfache« Tarte tatin bitte nur in einer Tarteform aus Metall mit geschlossenem Rand backen. Springformen oder Silikonbackformen sind nicht geeignet.

Die »klassische« Tarte tatin wird allerdings in einer emaillierten, gusseisernen Tatin-Form gebacken. Dazu den Karamell direkt in der Tatin-Form kochen, dann die heiße Tatin-Form vom Herd nehmen und den Karamell abkühlen lassen, mit Zucker bestreuen und die Äpfel rosettenartig einschichten.

Die gusseiserne Tatin-Form bietet ein hervorragendes Backergebnis und die Tarte tatin schmeckt wirklich um Welten besser.

Sollten Sie also an einem »Le-Creuset«-Stand vorbeigehen oder zufällig eine gebrauchte Tatin-Form an einem Flohmarktstand sehen – schlagen Sie zu, diese Tatin-Formen sind unverwüstlich und man hat sie ein Leben lang.

Éclairs Café

für 4 Stück

ZUTATEN

Crème pâtissière
250 g Vollmilch
1 TL flüssiger Vanilleextrakt
1 Ei
30 g Kristallzucker
25 g Weizenmehl, Type 405
1 EL lösliches Instant-Kaffeepulver
10 g Butter

Éclairs
75 g Weizenmehl, Type 405
1 Prise Backnatron
125 g Wasser
40 g Butter
1 Prise Salz
2 Eier
1 Eigelb zum Bestreichen

Fertigstellen
4 Éclairs (siehe Teilrezept »Éclairs«)
gekühlte Crème pâtissière (siehe Teilrezept »Crème pâtissière «)
1 EL Kaffeelikör
200 g heller Konditor-Fondant
2 TL löslicher Instant-Kaffee

CRÈME PÂTISSIÈRE

Die Vollmilch und den Vanilleextrakt in einem Topf verrühren und einmal aufkochen. Das aufgeschlagene Ei, den Kristallzucker und das Weizenmehl mit dem Schneebesen in einer Schüssel verrühren. Die heiße Vanillemilch daraufgießen und verrühren, dann sofort zurück in den Topf geben und unter Rühren 3–4 Minuten aufkochen, bis die Masse andickt. Den Topf vom Herd nehmen. Das lösliche Kaffeepulver und die Butter unterrühren. Die Creme in eine Schüssel geben, die Oberfläche mit Frischhaltefolie abdecken und abkühlen lassen. Die Crème pâtissière mindestens 2 Stunden in den Kühlschrank stellen.

ÉCLAIRS

Für den Brandteig das Weizenmehl und das Backnatron in einer Schüssel vermischen. Das Wasser, die Butter und das Salz in einen Topf geben und aufkochen. Die Mehlmischung in einem Schwung dazugeben, dann mit einem Holzkochlöffel bei hoher Hitze so lange rühren, bis ein großer Klumpen entsteht und sich auf dem Topfboden ein weißer Belag bildet (abbrennen). Den Topf vom Herd nehmen, die Brandmasse in eine Schüssel geben und lauwarm abkühlen lassen. Dann 1 aufgeschlagenes Ei mit den Knethaken des Handrührgerätes unterrühren. Erst dann, wenn das erste Ei vollständig untergearbeitet wurde, das zweite Ei zugeben und unterrühren. Den Brandteig 1 Stunde bei Raumtemperatur ruhen lassen, anschließend in einen Spritzbeutel mit glatter Tülle (20 mm) füllen.

Den Backofen rechtzeitig auf 180°C (Umluft) vorheizen. Ein Backblech mit Backpapier belegen.

4 Linien je ca. 14 cm lange Streifen mit reichlich Abstand auf das Backblech spritzen. Mit nassen Fingern die hochstehenden Teigspitzen glätten. Das Eigelb mit wenig Wasser glatt rühren und die Éclairs damit bepinseln. Dann die Éclairs mit einer Gabel oder einem Messer an der Oberfläche längs leicht einritzen und im vorgeheizten Backofen 20 Minuten goldbraun backen.

FERTIGSTELLEN

Die abgekühlten Éclairs wenden. Mit einer leeren, glatten Spritzbeuteltülle (8 mm) auf der Unterseite je 2 Löcher einstanzen. Die gekühlte Crème pâtissière aus dem Kühlschrank nehmen und mit dem Schneebesen zu einer glatten Creme aufschlagen. Den Kaffeelikör unterrühren und diese Kaffeecreme in einen Spritzbeutel mit glatter Tülle (8 mm) füllen. Die Füllung in die vorgestanzten Löcher der Éclairs spritzen. Die gefüllten Éclairs auf ein Kuchengitter setzen.

Für die Glasur den Fondant in einen Topf (ca. 20 cm Durchmesser) geben. Den löslichen Kaffee mit wenig Wasser auflösen und zugeben. Alles zusammen behutsam schmelzen.

Die gefüllten Éclairs kopfüber in die lauwarme Glasur tauchen, dann hochheben, kurz warten, umdrehen und auf das Kuchengitter setzen. Die glasierten Éclairs kurz abkühlen lassen und mindestens 1 Stunde in den Kühlschrank stellen.

TIPP
Die Éclairs am selben Tag genießen, sie schmecken frisch am besten.

Pièce montée

ZUTATEN

Vanille-Ganache
1 Vanilleschote
150 g Sahne
10 g Butter
10 g Akazienhonig
150 g sehr gute weiße Schokolade (z.B. Opalys von Valrhona)

Himbeer-Ganache
150 g Himbeerpüree, frisch passiert
7 g Akazienhonig
27 g Gelierzucker (2:1)
1,5 Blatt weiße Gelatine
½ Bio-Zitrone
14 g Butter
150 g sehr gute weiße Schokolade (z.B. Ivoire von Valrhona)

Pistazien-Ganache
50 g ganze, geschälte grüne Pistazienkerne
3–4 Tropfen Pistazienöl
1 Tropfen Bittermandelöl
150 g sehr gute weiße Schokolade (z.B. Opalys von Valrhona)
150 g Sahne
1 EL Butter
1 EL Akazienhonig

VANILLE-GANACHE
Die weiße Schokolade hacken und in eine Schüssel geben.

Die Sahne in einem Topf erhitzen. Die Vanilleschote längs mit einem spitzen Messer aufschlitzen, das Mark herauskratzen und beides in die heiße Sahne geben. Sobald die Sahne fast zu kochen beginnt, den Topf vom Herd nehmen und die Vanillesahne zugedeckt 20 Minuten ziehen lassen. Dann die Vanilleschote herausnehmen und mit den Händen fest ausdrücken. Die Vanillesahne erneut leicht erhitzen, die Butter und den Honig unterrühren und auflösen.

⅓ der heißen Vanillesahne auf die gehackte Schokolade gießen, mit einem Gummispatel von innen nach außen verrühren, bis sich die Schokolade aufgelöst hat und eine Emulsion entsteht. Sollte die Masse aussehen, als wäre sie geronnen, kräftig weiterrühren, bis sie sich wieder verbindet. Wieder ⅓ der heißen Vanillesahne zugeben. Alles erneut von innen nach außen verrühren, bis eine homogene Masse entsteht. Dann die restliche Vanillesahne unterrühren und emulgieren.

Die Emulsion mit einem Stabmixer pürieren, bis eine glatte, glänzende Ganache entstanden ist. Die Schüssel in den Kühlschrank stellen und die Vanille-Ganache zugedeckt 1 Tag ruhen lassen.

HIMBEER-GANACHE
Das frisch passierte Himbeerpüree in einen kleinen Topf geben, den Akazienhonig und den Gelierzucker unterrühren. Die Blattgelatine mindestens 5 Minuten in kaltem Wasser einweichen. Die Schale der Bio-Zitrone fein abreiben und mit dem frisch gepressten Saft unter das Himbeerpüree rühren. Die Butter zugeben und alles zusammen unter ständigem Rühren langsam zum Kochen bringen. Sobald das Himbeerpüree gerade kocht (einmal aufblubbert), den Topf vom Herd nehmen und 2–3 Minuten ruhen lassen. Die eingeweichte und gut ausgedrückte Gelatine zugeben und unter Rühren auflösen.

Währenddessen die weiße Schokolade hacken und in eine Metallschüssel geben. Diese auf ein heißes, aber nicht kochendes Wasserbad setzen. Dabei darf der Schüsselboden das Wasser nicht berühren. Die Schokolade behutsam schmelzen, dann die Metallschüssel vom Wasserbad nehmen.

⅓ des heißen Himbeerpürees auf die flüssige Schokolade gießen, mit einem Gummispatel von innen nach außen verrühren, bis eine Emulsion entsteht. Sollte die Masse aussehen, als wäre sie geronnen, kräftig weiterrühren, bis sie sich wieder verbindet. Wieder ⅓ des heißen Himbeerpürees zugeben. Alles erneut von innen nach außen verrühren, bis eine homogene Masse entsteht. Dann das restliche Himbeerpüree unterrühren und emulgieren.

Die Emulsion mit einem Stabmixer pürieren, bis eine glatte, glänzende Ganache entstanden ist. Die Schüssel in den Kühlschrank stellen und die Himbeer-Ganache zugedeckt 1 Tag ruhen lassen.

PISTAZIEN-GANACHE

Den Backofen rechtzeitig auf 180°C (Umluft) vorheizen. Die ganzen grünen Pistazienkerne auf einem Blech verteilen und im Backofen 10 Minuten rösten. Dann abkühlen lassen und im Blitzhacker zu einer feinen Paste mixen. 3–4 Tropfen Pistazienöl und 1 Tropfen Bittermandelöl zugeben und nochmals gut durchmixen. Die Pistazienpaste durch ein feines Sieb streichen.

Die weiße Schokolade hacken und in eine Metallschüssel geben. Diese auf ein heißes, aber nicht kochendes Wasserbad setzen. Dabei darf der Schüsselboden das Wasser nicht berühren. Die weiße Schokolade behutsam schmelzen.

Die Sahne in einem Topf erhitzen, aber nicht kochen lassen. Die Pistazienpaste, die Butter und den Akazienhonig zugeben und unter ständigem Rühren auflösen.

⅓ der heißen Pistaziensahne auf die geschmolzene Schokolade gießen, mit einem Gummispatel von innen nach außen verrühren, bis eine Emulsion entsteht. Wieder ⅓ der heißen Pistaziensahne zugeben. Alles erneut von innen nach außen verrühren, bis eine homogene Masse entsteht. Dann die restliche Pistaziensahne unterrühren und emulgieren.

Die Emulsion mit einem Stabmixer pürieren, bis eine glänzende Ganache entstanden ist. Die Schüssel in den Kühlschrank stellen und die Pistazien-Ganache zugedeckt 1 Tag ruhen lassen.

Pièce montée

ZUTATEN

Profiteroles

300 g Weizenmehl, Type 405
4 Prisen Backnatron
500 g Wasser
160 g Butter
4 Prisen Salz
8 Eier
4 Eigelb zum Bestreichen

Pièce montée

500 g Kristallzucker
100 g Glukosepulver
100 g Hagelzucker
50 g weiße französische Mandeldragees (Hochzeitsmandeln)

PROFITEROLES

Für den Brandteig das Weizenmehl und das Backnatron in einer Schüssel vermischen. Das Wasser, die Butter und das Salz in einen Topf geben und aufkochen. Die Mehlmischung in einem Schwung dazugeben, dann mit einem Holzkochlöffel bei hoher Hitze so lange rühren, bis ein großer Kloß entsteht und sich auf dem Topfboden ein weißer Belag bildet (abbrennen). Den Topf vom Herd nehmen, die Brandmasse in eine Schüssel geben und lauwarm abkühlen lassen. Dann 1 aufgeschlagenes Ei mit den Knethaken des Handrührgerätes unterrühren. Erst dann, wenn das erste Ei vollständig untergearbeitet wurde, das zweite Ei zugeben und unterrühren. Den Brandteig 1 Stunde bei Raumtemperatur ruhen lassen, anschließend in einen Spritzbeutel mit glatter Tülle (13 mm) füllen.

Den Backofen rechtzeitig auf 180 °C (Umluft) vorheizen. 3 Backbleche mit je 1 Lage Backpapier belegen.

20 kleine Tupfen Brandteig mit reichlich Abstand auf jedes Backblech spritzen. Die Tupfen sollten einen Durchmesser von ca. 2–3 cm haben. Mit nassen Fingern die hochstehenden Teigspitzen glätten. Die Eigelbe mit wenig Wasser glatt rühren und die Teigbällchen damit bepinseln.

Die Backbleche in den vorgeheizten Backofen schieben und die kleinen Windbeutel bei 180 °C (Umluft) 20 Minuten goldbraun backen. Gegen Ende der Backzeit einen Holzlöffel in die Backofentüre stecken, damit die Feuchtigkeit entweichen und sich die Kruste bilden kann. Die Profiteroles im Backofen bei halb geöffneter Backofentüre abkühlen lassen.

TIPP

Da der Brandteig beim Backen etwa das Dreifache seiner ursprünglichen Größe erreicht, zwischen den Teigbällchen ausreichend Platz lassen.

Während des Backens niemals die Backofentüre öffnen, da sonst die Profiteroles zusammenfallen.

PIÈCE MONTÉE

Die Vanille-Ganache, die Himbeer-Ganache und die Pistazien-Ganache aus dem Kühlschrank nehmen und ca. 1 Stunde auf Raumtemperatur temperieren lassen.

Die abgekühlten Profiteroles umdrehen und mit einer leeren, glatten Spritzbeuteltülle (8 mm) auf der Unterseite je 1 Loch einstanzen.

Die Vanille-Ganache in einen Einweg-Spritzbeutel mit glatter Tülle (8 mm) füllen und in die vorgestanzten Löcher von ⅓ der Profiteroles spritzen. ⅓ der Profiteroles mit Himbeer-Ganache und die restlichen Profiteroles mit Pistazien-Ganache füllen.

Eine große Tortenplatte mit einem runden Backpapier belegen.

Den Kristallzucker, das Glukosepulver und das Wasser in einen breiten Topf geben und bei mittlerer Hitze zu einem haselnussbraunen Karamell kochen. Den Topf vom Herd nehmen und auf einen kalten Untergrund (z.B. eine Marmorplatte) stellen. Die Wärmezufuhr muss so schnell wie möglich gestoppt werden, damit der Karamell nicht verbrennt. Der Topf sollte möglichst einen dicken Boden haben, sodass dieser die Hitze lange halten kann. Falls nötig kann der Karamell wieder erwärmt werden.

Je 1 gefüllten Windbeutel zu einem Viertel in den heißen Karamell tauchen und ringförmig auf der Tortenplatte anrichten, sodass der Karamell die Windbeutel festklebt. Sobald der Windbeutelring ausgehärtet ist, das Backpapier entfernen und weitere in heißen Karamell getunkte Windbeutel auf dem Windbeutelring ankleben, dabei mehrere Schichten mit jeweils weniger Windbeuteln anordnen, sodass sich ein hoher Kegel bildet. Einige in Hagelzucker getunkte Windbeutel dazwischensetzen. Dazu die Windbeutel wie gewohnt zu ¼ in heißen Karamell tauchen, dann in Hagelzucker tupfen, leicht drehen, erneut in heißen Karamell tauchen und ankleben. In die Zwischenräume einige Mandeldragees stecken.

Zum Schluss den restlichen Karamell nochmals erhitzen. Eine Lage Backpapier auf die Arbeitsfläche legen. Eine Gabel in den heißen Karamell tauchen und mit schnellen Bewegungen Fäden auf das Backpapier herausziehen. Die hauchdünnen Zuckerfäden sofort um die Windbeuteltorte legen.

TIPP

Die Pièce montée gibt es in Frankreich traditionell auf einer Hochzeits- oder Familienfeier. Die hohe, kegelförmige Profiteroles-Torte bildet einen atemberaubenden Mittelpunkt!

Bûche de Noël

ZUTATEN

Vanille-Ganache
150 g sehr gute weiße Schokolade (z.B. Opalys von Valrhona)
1 Vanilleschote
300 g Sahne
10 g Butter
10 g Akazienhonig

Schokoladen-Ganache
300 g Sahne
5 g flüssiger Vanilleextrakt
1 EL Butter
1 EL Akazienhonig
150 g sehr gute dunkle Schokolade mit 66 % Kakaoanteil (Caraïbe von Valrhona)

Biskuit
4 Eier
4 EL lauwarmes Wasser
1 Prise Salz
170 g feiner Kristallzucker
120 g Weizenmehl, Type 405
40 g Maisstärke
1 TL Backpulver
weiche Butter für das Blech
3–4 EL Kristallzucker zum Ausstreuen

Bûche de Noël
1 abgekühlte Biskuitplatte (siehe Teilrezept »Biskuit«)
aufgeschlagene Vanille-Ganache (siehe Teilrezept »Vanille-Ganache«)
125 g Himbeeren (frisch oder TK-Produkt)
aufgeschlagene Schokoladen-Ganache (siehe Teilrezept »Schokoladen-Ganache«)
einige Marzipanpilze (nach Belieben)

VANILLE-GANACHE

Die weiße Schokolade hacken und in eine Rührschüssel geben.

Die Sahne in einem Topf erhitzen. Die Vanilleschoten längs mit einem spitzen Messer aufschlitzen, das Mark herauskratzen und beides in die heiße Sahne geben. Sobald die Sahne fast zu kochen beginnt, den Topf vom Herd nehmen und die Vanillesahne zugedeckt 20 Minuten ziehen lassen. Dann die Vanilleschote entnehmen und mit den Händen fest ausdrücken. Die Vanillesahne erneut leicht erhitzen, die Butter und den Honig unterrühren und auflösen.

⅓ der heißen Vanillesahne auf die gehackte Schokolade gießen, mit einem Gummispatel von innen nach außen verrühren, bis sich die Schokolade aufgelöst hat und eine Emulsion entsteht. Sollte die Masse aussehen, als wäre sie geronnen, kräftig weiterrühren, bis sie sich wieder verbindet. Wieder ⅓ der heißen Vanillesahne zugeben. Alles erneut von innen nach außen verrühren, bis eine homogene Masse entsteht. Dann die restliche Vanillesahne unterrühren und emulgieren.

Die Vanilleemulsion pürieren. Die Rührschüssel in den Kühlschrank stellen und die Vanilleemulsion zugedeckt 1 Tag ruhen lassen.

SCHOKOLADEN-GANACHE

Die Sahne in einen Topf geben und fast kochen lassen. Den Vanilleextrakt unterrühren und 10 Minuten ziehen lassen. Die Vanillesahne nochmals erhitzen, aber nicht kochen lassen, dann die Butter und den Akazienhonig unterrühren.

Währenddessen die dunkle Schokolade hacken und in eine Metallschüssel geben, diese auf ein heißes, aber nicht kochendes Wasserbad setzen. Dabei darf der Schüsselboden das Wasser nicht berühren. Die Schokolade behutsam schmelzen, dann die Metallschüssel vom Wasserbad nehmen.

⅓ der heißen Vanillesahne auf die flüssige Schokolade gießen, mit einem Gummispatel von innen nach außen verrühren, bis eine Emulsion entsteht. Sollte die Masse aussehen, als wäre sie geronnen, kräftig weiterrühren, bis sie sich wieder verbindet. Wieder ⅓ der heißen Vanillesahne zugeben. Alles erneut von innen nach außen verrühren, bis eine homogene Masse entsteht. Dann die restliche Vanillesahne unterrühren und emulgieren.

Die Schokoladenemulsion pürieren. Die Rührschüssel in den Kühlschrank stellen und die Schokoladen-Ganache zugedeckt 1 Tag ruhen lassen.

BISKUIT

Den Backofen rechtzeitig auf 190°C (Ober-/Unterhitze) vorheizen. Ein Backblech an den Ecken und in der Mitte mit etwas weicher Butter bestreichen und mit einer Lage Backpapier belegen.

Die Eier, das lauwarme Wasser, das Salz und den Kristallzucker in die Rührschüssel der Küchenmaschine geben, dann bei höchster Stufe 5–6 Minuten mit dem Schneebesenaufsatz schaumig schlagen, bis eine cremige, weißliche Eiermasse entstanden ist. (Das Volumen muss sich fast verdreifacht haben.)

Das Weizenmehl, die Maisstärke und das Backpulver in einer Schüssel vermischen. Die Schaummassse sieben, dann behutsam mit einem Schneebesen das gesiebte Mehl unterheben. Dann die restliche Mehlmischung in 2 weiteren Schritten unterheben. Die Teigmasse nicht rühren, sondern nur locker unterheben.

Die Biskuitmasse auf das Backblech geben und mit einer Kuchenpalette gleichmäßig bis zum Rand verstreichen.

Den Biskuit im auf 190°C vorgeheizten Backofen ca. 10–12 Minuten goldgelb backen. (Die Backzeit ist je nach Backofen unterschiedlich. Am besten den Biskuitteig beobachten, er darf keinesfalls zu lange gebacken werden, sonst bricht die Biskuitplatte später beim Aufrollen.)

Bûche de Noël

TIPP

Der Bûche de Noël wird traditionell in Frankreich als Weihnachtsdessert serviert. Er erinnert optisch an ein Stück Baumstamm.

Voraussetzung für das Gelingen der Biskuitroulade ist ein perfekt gebackener Biskuit. Dieser darf nicht zu lange gebacken sein, er muss goldgelb und gerade eben fertig sein.

Den Backofen nicht auf Umluft schalten, das würde die Biskuitplatte austrocknen.

Für das spätere Aufrollen ist es wichtig, dass die Feuchtigkeit in der Biskuitplatte erhalten bleibt. Als Hilfsmittel dient ein feuchtes Geschirrtuch, dann bleibt die Biskuitplatte auch nach dem Abkühlen biegsam und bricht nicht beim Aufrollen.

Währenddessen ein Geschirrtuch auf der Arbeitsfläche auslegen und mit Kristallzucker bestreuen. Ein weiteres Geschirrtuch leicht mit Wasser befeuchten, auswinden und beiseitelegen.

Das Backblech aus dem Backofen nehmen und die goldgelb gebackene Biskuitplatte sofort mit der Oberseite nach unten auf das mit Zucker bestreute Geschirrtuch stürzen. Dann das Backpapier vorsichtig abziehen. Die heiße Biskuitplatte mit dem befeuchteten Geschirrtuch bedecken und abkühlen lassen. Das befeuchtete Geschirrtuch verhindert das Austrocknen der Biskuitplatte, dies ist wichtig, damit die Biskuitplatte beim späteren Aufrollen nicht bricht.

BÛCHE DE NOËL

Während die Biskuitplatte abkühlt, die gut gekühlte Vanille-Ganache aus dem Kühlschrank nehmen und sofort mit den Rührbesen des Handrührgeräts cremig aufschlagen. (Das dauert etwas länger als bei normaler Schlagsahne.)

Die aufgeschlagene Vanille-Ganache gleichmäßig mit einer Kuchenpalette auf die abgekühlte Biskuitplatte streichen, mit frischen oder gefrorenen Himbeeren belegen und leicht andrücken. Dann die Biskuitplatte beginnend von der längeren Seite vorsichtig einschlagen und durch Anheben des darunterliegenden Geschirrtuches aufrollen. Die gefüllte Biskuitroulade mit der Nahtseite nach unten auf ein Backblech setzen und mindestens 1 Stunde in den Kühlschrank stellen.

Die gut gekühlte Schokoladen-Ganache aus dem Kühlschrank nehmen und sofort mit den Rührbesen des Handrührgeräts cremig aufschlagen.

Die gefüllte Biskuitroulade aus dem Kühlschrank nehmen und ein Stück leicht schräg abschneiden. Das kurze Teilstück an die Seite des längeren Teilstücks setzen. (Es soll optisch eine Zweiggabelung entstehen.) Die Biskuitroulade rundherum mit der aufgeschlagenen Schokoladen-Ganache bestreichen. Dann mit einer Gabel längs einritzen, um eine rindenartige Struktur zu erhalten.

Den Bûche de Noël bis zum nächsten Tag im Kühlschrank durchziehen lassen.

Vor dem Servieren vorsichtig auf eine Servierplatte setzen und mit einigen Marzipanpilzen garnieren.

Gute Geschäfte

ICH LIEBE DEN MARKTTAG!

Mein Wochenausklang findet immer auf dem Karl-August-Markt statt. Da spiele ich die Marktfrau. Ich habe dann Zeit, denn zum Wochenende backe ich nicht. Ich atme frische Luft im Freien und ich treffe meine Freunde, die mich regelmäßig auf dem Markt besuchen.

Ich habe einige Stammkunden: Jonathan ist fünf Jahre alt und ist einer meiner jüngsten Stammkunden. Er rennt immer sofort zu meinem Stand und strahlt dabei über beide Ohren. Er bringt mir fast jeden Samstag ein Geschenk: Manchmal bekomme ich eine Blume, manchmal Murmeln und zuletzt ein selbst gebasteltes Armband … Ich glaube, er ist ein kleines bisschen in mich verliebt. Fest steht aber, dass ich seine Liebe für Macarons für immer geprägt habe, und er wird sich immer an mich erinnern, wenn er später Macarons sehen oder essen wird. Was für ein schönes Gefühl!

Dann habe ich Kunden aus Hamburg und Hannover, die einen Besuch an meinem Macarons-Stand als festen Bestandteil ihrer Wochenendbesuche in Berlin ganz selbstverständlich einplanen.

Es gibt auch dieses Paar – die beiden kaufen immer jede Sorte von Macarons doppelt, weil sie nicht zu Hause streiten wollen, wer welche Sorte bekommt.

Und dann gibt es noch Ulrich und seine Frau, die nur Rosen-Macarons kaufen. Egal wie viele ich vorrätig habe, sie nehmen immer alle.

An dieser Stelle, möchte ich die Händler vom Markt erwähnen, die mein Leben um so viel fröhlicher machen: Isi, der Fischhändler, mit dem ich mal diskutiert habe, warum seine Fischfilets Gräten haben. Anstatt sich darüber Gedanken zu machen, druckte er Schildchen mit folgender

Inschrift: "Kein Mensch ist ohne Makel, kein Fisch ist ohne Gräten".
Er bietet mir manchmal "Finessaskin", was anscheinend auf Türkisch "verwirrter Finne" bedeutet. Das Wort ist seine Eselsbrücke für Austern ("Fine de claire"), es dauerte ein bisschen, bis ich kapierte, was er mir anbieten wollte.
Erst vor kurzem ist mir das passiert: Max, der Powerdrinks verkauft, bot mir einen Orangensaft an. Während ich den Saft trank, unterhielten wir uns über dies und das. Da kam mein Lieblingsflorist und überreichte mir einen wunderschönen Rosenstrauß für meinen Laden. Als ich ihn fragte, wie viel ich ihm schuldete, winkte er ab und gab mir zu verstehen, dass die Blumen ein Geschenk sind. Ich stand da mit Saft und Blumen, als Uli, der die besten Hamburger überhaupt macht, mir einen saftigen Cheeseburger in die Hand drückte. Als "Bezahlung" wollte er nur einige Vanille-Macarons haben, die er so gerne isst.
Perplex schaute mich Max an: "Arielle, kann es sein, dass Du Dich mit Deinem Charme einfach durch den Markt schnorrst?!" – "Alles klar" wie alle Händler sagen. Ich mache gute Geschäfte und bin noch die Schnorrerin des Karl-August-Markts ...

REGISTER

IMPRESSUM

ARIELLES MACARONS
Sollten Sie einmal keine Zeit oder Lust zum Backen von Macarons oder anderen süßen Sachen haben, so finden Sie in Arielles Charlottenburger Manufaktur eine große Auswahl an Macarons und französischen Köstlichkeiten: www.arielles-macarons.de

1. Auflage 2015

Hinweise
Die Ratschläge/Informationen in diesem Buch sind von Autorin und Verlag sorgfältig erwogen und geprüft. Dennoch kann eine Garantie nicht übernommen werden. Eine Haftung der Autorin bzw. des Verlags und seiner Beauftragten für Personen-, Sach- und Vermögensschäden ist ausgeschlossen.

Die Verlagsgruppe Random House weist ausdrücklich darauf hin, dass bei Links im Buch zum Zeitpunkt der Linksetzung keine illegalen Inhalte auf den verlinkten Seiten erkennbar waren. Auf die aktuelle und zukünftige Gestaltung, die Inhalte oder die Urheberschaft der verlinkten Seiten hat der Verlag keinerlei Einfluss. Deshalb distanziert sich die Verlagsgruppe hiermit ausdrücklich von allen Inhalten der verlinkten Seiten, die nach der Linksetzung verändert wurden und übernimmt für diese keine Haftung.

Bildnachweis
Fotografie Food: Maria Grossmann, Monika Schuerle
Foodstyling: Stefanie Nickel, Christine Bergmayer (Seite 163, 173)
Fotografie People: Urban Zintel
Haare/Make-Up: Andreas B./Basics
Wir danken dem Ermelerhaus in Berlin für die freundliche Genehmigung, die Hochzeitstorte (S. 96–103) dort zu fotografieren.

Für das Fotoshooting, bei dem die Schmuck- und Peoplebilder in diesem Buch entstanden, haben wir – damit schöne, stimmungsvolle Fotos entstehen –, offene Haare und Nagellack getragen. Das war eine absolute Ausnahme, selbstverständlich halten wir uns stets an sämtliche Hygienevorschriften.

Redaktionsleitung: Silke Kirsch
Projektleitung: Sonya Mayer
Cover- und Layoutdesign, Gestaltung & Producing: Helen Garner, Art und Weise, München
Adaption & Redaktion der Rezepte: Irmgard Rumberger
Bildredaktion und Leitung der Fotoproduktion: Sabine Kestler
Korrektorat: Sabine Thorn
Reproduktion: Regg Media GmbH, München
Druck & Verarbeitung: Druckerei Theiss, St. Stefan im Lavanttal

Printed in Austria

MIX
Papier aus verantwortungsvollen Quellen
FSC® C012536

Verlagsgruppe Random House FSC® N001967
Das für dieses Buch verwendete FSC®-zertifizierte Papier *Profimatt* liefert Sappi Ehingen.

ISBN 978-3-517-09360-4

Arielle's
MACARONS
BERLIN